國民理財
Let's finance

國民理財
Let's finance

就拿3,000元
學買基金

Let's finance ! Studio 編著

恆兆文化

國家圖書館出版品預行編目資料

就拿3,000元，學買基金 / Let's finance! Studio 編著.
-- 臺北市：恆兆文化，2004 [民93]

176面；14.8×21.0 公分 --（國民理財系列；2）

ISBN　957-28107-8-2（平裝）

1.基金 2.投資

563.5　　　　　　　　　　　　　　　93002000

國民理財系列（02）

就拿3,000元，學買基金

發 行 人　張　正

總 編 輯　鄭花束

特約主編　尤美玉

作　　者　Let's Finance！Studio

美術編輯　Mac麥客張（mac@book2000.com.tw）

插　　畫　林心雁（a4041a@yahoo.com.tw）

出 版 社　恆兆文化有限公司

　　　　　（http：//www.book2000.com.tw）

統一編號　16783697

電　　話　02-33932001

傳　　真　02-33932016

地　　址　台北市仁愛路二段7之1號4樓

出版日期　2004年5月一刷

I S B N　957-28107-8-2（平裝）

劃撥帳號　19329140

戶　　名　恆兆文化有限公司

定　　價　149元

總 經 銷　農學社股份有限公司　電話 02-29178022

【出版源起】
寫給愛自由的人看的理財書

　　理財，其實是一件很貼近生活的事情，但它永遠只會是手段而不會是目的，可惜的是，很多人常會把存多少、獲利多少當成是目標，而忽略如果沒有配合不同生活型態的每一階段需求，理財常常會停留在概念，很難對財富需求有實質助益。

　　【國民理財系列】推出很不一樣的理財書，我們相信，現代人消費與生活型態是多元的、是有多重價值觀的，雖然每一個世代、每一種人創造財富的手段不同、花錢的方式不同，但是，只要正確的進行財富整理分配，外加簡單的自我資產管理，不管你的自有錢財有多少，每種不同生活品味的人，都能找出自己的財富優勢，日子可以過得無憂，生活也能過得自由。

　　【國民理財系列】想要強調幾個基本概念：

1.理財要趁早，現在就開始。

2.理財不是發財，但想有錢，就要先學會理財。

3.理財，必須先有一個目的，如此就會排除萬難，達成目標。

4.要實際行動，徒有理財知識是沒有用的。

5.投資是有風險的。

　　理財，應該是全民的運動，但是，市面上的理財書都是講如何快速致富，但前提下是你手上至少要有一筆大錢，真是太不「平民化」了，有點不實用。

　　現在，不管你是負債，還是零存款，都不用擔心或有壓力，理財，其實門檻可以很低的，每個人都可以不知不覺、輕鬆跨過去。《國民理財系列》，就是讓你不知不覺的輕鬆存錢，讓你從負債到沒有負債，錢從零到有，從有錢到富有。

　　如果你愛敗家，就別不承認，只要你懂得敗家之道在精明理財，一樣可以一輩子享受福氣；如果你是草莓世代那麼就用草莓世代的方法大膽地規畫財富；現在沒有錢，卻又很想買房子，那麼，國民理財也將教你如何正確運用財富管理達成目標。在這個系列裡，我們會一直把最實用的理財知識跟大家分享並一起成長。

恆兆文化

【作者序】
就拿3000元，學買基金

我要理財！我一定要理財！！我一定要開始學理財！！！

別再喊口號了啦！

現在就把口袋裡的、抽屜裡的、豬公裡的零錢湊一湊，找一家離你目在所在位置最近的銀行，大聲的告訴櫃檯「我要申購定期定額基金，每月扣三仟，隨便一檔都可以！」

閉著眼睛、一口氣、不遲疑、就3000元，你的第一筆財富就從這裡開始！

說實話，買定期定額基金不見得是最好的理財方式；每月扣3,000元，也不是最聰明的投資方法；所謂「隨便一檔都可以」這種挑基金法也超級好笑，但是，這都不是重點，重點是，理

財必需有一個開始，而這種方法是門檻最傻瓜、交易最安全、容易學最多的辦法之一。

　　基金是迷人的，如果它不是那麼迷人，幾十年來歐美的家庭也不會拿它當成主要的投資工具。

　　如果你還沒有什麼很滿意的投資理財方案，那麼就從這裡開始吧！

恆兆文化　編輯部

C O N T E N S

PART 6

基金教戰手冊 133

Could you know how to manage your money ?

PART 0

● ● ●

你會理財嗎？

理財要趁早，現在就開始！

沒錢、沒閒、沒專業

別說投資了，連理財也理不起來，唉

先別忙著嘆氣，現在就給自己10分鐘

許你一個賺進千萬存款的大未來

Let's Finance !
就拿3,000元，學買基金

◗ ◗ 寫在基金理財之前……1

你開始理財了嗎？

「管錢」對很多人來說，真的是一個頭兩個大！

每個月如果多一點的閒錢，再來談理財也就罷了，重點是現在的薪水與消費幾乎是不成比例，沒有負債就很厲害，就算是剩下一點點的零錢，也不知能幹嘛！

「多買瓶保養品，或多添件衣服囉！」

當你每個月有一些閒錢時，你是如何處理的呢？

如果你的回答跟上面一樣，那麼你應該看看小美與麗麗的實例。

● 起步晚了6年，要用19年去追

小美與麗麗是大學同學，6年前一起步出校園，今年一樣是29歲，所從事的工作、薪水差不多，兩人因為從學生時代就是死黨，消費品味也幾乎一個樣，一段時間沒見面，偶爾兩人還會不巧「撞衫」！

　　最近，這兩個人發生了不愉快的事，原因是小美發現麗麗竟然在領了第一份工作的薪水後，就開始每月投資5,000元的定期定額基金，而且麗麗很驕傲的跟小美說，即使她從今年起不再每個月投資5,000元的基金，也不從基金中領回本金，到了52歲時，她有可能就有千萬以上的存款。

　　小美聽了很不服氣，她也想從現在起為自己存一千萬，但是，只因為她起步晚了6年，試算的結果，她竟然得花26年，每個月5,000元，才能如願。

　　這是一個多麼不公平的世界啊！

　　利用試算得知，麗麗在23歲每月存5,000元，存了7年後，便不再投入一毛錢，到了52歲，她有1,000多萬元存款；小美在29歲起也開始月存5,000元，卻不得中斷得每月存入5,000元，直到她54歲那年，她也才有1,000萬元的存款。

基金 View Point

　　世界本來就是不公平的，金錢世界裡更是如此。

　　但是，如果你一點都不在意金錢，不懂得運用它，那麼金錢也不會甩你的哦！

小美、麗麗……投資比較表

年齡	小美每月投資的金額	小美投資定期定額基金平均年報酬率12%的本利和	麗麗每月投資的金額	麗麗投資定期定額基金平均年報酬率12%的本利和
23			5000	64047
24			5000	136216
25			5000	217538
26			5000	309174
27			5000	412432
28			5000	528785
29	5000	64047	5000	659895
30	5000	136216	0	743586
31	5000	217538	0	837891
32	5000	309174	0	944157
33	5000	412432	0	1063900
34	5000	528785	0	1198829
35	5000	659895	0	1350871
36	5000	807633	0	1522195
37	5000	974108	0	1715247
38	5000	1161695	0	1932783
39	5000	1373074	0	2177908
40	5000	1611261	0	2454121
41	5000	1879656	0	2765365
42	5000	2182090	0	3116082
43	5000	2522880	0	3511279
44	5000	2906891	0	3956597
45	5000	3339604	0	4458392
46	5000	3827196	0	5023828
47	5000	4376627	0	5660975
48	5000	4995740	0	6378928
49	5000	5693371	0	7187936
50	5000	6479480	0	8099546
51	5000	7365287	0	9126771
52	5000	8363436	0	10284274
53	5000	9488175		
54	5000	10626756		

小美29歲才開始

麗麗投資七年後，就不再投資一塊錢。

小美29～54歲擁有千萬元

麗麗52歲擁有不斷每月存五千元，才擁有千萬元。

註：上表以每月複利一次計算，讀者可以利用：

$$本金 \times (1+利率)^{期數} = 本利和$$

自己慢慢算，總之時間只要夠長，複利結果就很可觀。

看到這個例子，你的想法是什麼？你或許會有以下質疑：

1. 年利率12％，那是很高的利率，而且有誰能保證，投資基金一定有12％的水準？因為有投資就必定有風險。世上沒有那麼美妙的事。如果賺不到12％而是賠了12％？那麼複利神話，會不會變成泡沫？

2. 投資這麼長的時間，基金公司會不會倒了，所投資的錢一元也拿不回來？

3. 我就每個月拿5,000元，其他就都不要管它了嗎？不管它，我也能有12％的報酬水準嗎？

如果你正在思考「我如何理財」這個問題，而不是在思考「我如何賺錢」這個問題，那麼，以上的疑問，可能比較容易找到令你滿意的答案。

■ 重要的是理財概念，非神奇賺錢術

許多人在報章媒體上讀到「基金定期定額」的好處後，便雄心萬丈的每個月投資3,000～5,000元，但是不出幾個月，她又後悔了。因為這個基金好像和自己犯了沖似的，千挑萬選買了之後一直賠個不停，要不就是利潤只是一點點。從此之後，還是把錢放進定存，再也不去想「發財夢」了。

　　還有一種是，買了A基金之後，發現自己選錯了，B才是好的基金，結果又換B，沒多久，他看到C好，又換成C了。

　　以上這兩種現象不對嗎？

　　其實這個不是對錯的問題，投資本來就是要追逐高利潤、低風險的標的，舉小美與麗麗的例子，並不是說明基金的定期定額神奇賺錢術，而是一個「理財」的概念，以下跟你分享理財應有的基本觀念。

● 觀念 1：理財概念與行動一定要愈早愈好

　　不管你今天投資的是股票、基金、債券，還是銀行的零存整付，只要你能愈早開始理財，你的生涯規畫就愈輕鬆。不管你今天投資的標的是年利率30％，還是年利率8％，算盤打一打，早早開始理財，早早輕鬆。

● 觀念 2：投資，一定有風險

　　雖然，投資一定有風險，但如果你還年輕，不要那麼保守的就是「定存」一途，多多接觸、學習使用「理財工具」（注意！不是賺錢工具，上班、打工、短期投資股票等，我們可以稱它為賺錢工具，但那都是要付出相當體力與精神的），為生

活與未來有計畫的消費作一個規畫。才不致要用到大錢的時候，才覺得自己怎麼那麼窮。

● 觀念 3：別再為銀行的利益拚命貢獻

刷卡族！如果你大半輩子都在付信用卡年利率16％～20％的循環利，那麼他們（銀行）已經賺了你多少錢？你細細算過嗎？而我們絕對相信，你頂多只會延遲付款，卻絕對沒想過要賴帳。

天啊！你竟是個這麼穩健的被投資標的，按月付給信用卡公司那麼高的投資報酬率（循環利）！反過來想，別以為信用卡公司每月賺你幾千元不算什麼，這幾千元已足夠你累積成千萬富婆了。

● 觀念 4：多看、多問、多研究、多聽、多比較

如果你擔心自己沒有能力挑到好基金，賺到年利率12％以上的水準，那很恭禧你。理由是，因為你會擔心，那就學啊！多看、多問、多研究、多聽、多比較，只要你心存正念，不會妄想一夕致富，因長期利用基金理財的，結果年利率在15％以上一點也不困難，更別提是12％了。

在國內，基金的歷史雖然不長，然而，以現在一般人的生活型態、理財目標而言，它真的很靈活而且也很實用。我喜歡把它比成一件十分有設計感的T恤，好搭配、不褪流行、沒有壓力、實穿又貼心，如果你熟悉她，她可以為你完成可能是一次次短期的旅遊，也可以是長長的人生安心規畫，可豪華可簡約，就看你怎麼為自己搭配。

雖然投資是門很專業的學問，但是你的需求是什麼，只有自己最清楚。因此我們建議各位，如果你沒有時間與精神，可以把「投資」這種賺錢的工作交由基金經理人，但是理財組合與目標，還是得要靠自己。

本書沒有深奧難懂的基金知識，但卻清楚的交代了「基金」這個理財工具的價值與實際的應用。

現在，就開始理財，永遠不會太遲。

◐ ◑ 寫在基金理財之前……2
你選對了存錢的方法嗎？

也許你不過是多買了幾件衣服、沒事染染頭髮、出出國，又沒幹什麼壞事，卻大有「錢不夠用」的壓迫感。

如果你有這種感覺，那麼就快快審視你的存錢方式，是不是很符合時代的需求。如果你一直只是「定存」、「活存」或跟會，那真的是需要調整一下，用一種比較合於現代經濟結構的方式去思考「錢擺哪裡？」最適合。

我好像聽到不少人說：

「笑話！本人根本沒有閒錢！」

那也不錯啊！

如果你長期以來都沒有閒錢，又還能看到這裡，放心，你就快變有錢了，因為，你已種下了一個變有錢的因子——正視這個時代的理財工具、知道有它、想看看它是什麼，有一天你開始身體力行時，它就會開始發威。

因子，是很重要的，不管你覺得這個因子微小到什麼程度，但它一定要有。這就好像找工作一樣，可能對職場已經失望

透頂了，但只要你登錄訊息，說不定好運就這樣在失望中誕生，是一顆因子，再微小都是一個無窮的機會。

■ 21世紀理財工具總調查

以下介紹目前一般人較常使用的投資理財工具，當然理財工具不只這些，還有很多像房地產、黃金、期貨……等，但這些進入門檻比較高，需要不少的錢，要搞懂也要花很多時間，所以在這裡就不特別介紹了。

● 活儲及定存

風險性很低、預期報酬率2%以下

【運用建議】

如果你一個月最基本花費是10,000元，只要放30,000～60,000元就夠了，也就是你基本開銷的3～6倍即可，其他的錢可運用在其他理財工具上。

● 壽險

風險性很低、預期報酬率2%

【運用建議】

必須認清儲蓄和保險是分開的，保險該找保險公司，但是儲蓄呢？當然以理財、投資的觀念處理囉！如果你混為一談，用「強迫儲蓄」的概念說服自己，真的～～你的理財觀念真的很不積極。

● 跟會

風險性超級高，預期報酬率10％～12％。

【運用建議】

請記住一句話：「古來標會幾人沒有被倒會！」

一個人一生八成以上跟的會大約是沒有問題的，但是，你不會希望你錢存得那麼辛苦，就剛好是那個倒楣的2成機率——倒光光吧！

除非你已是當「阿嬤」級的了，因為除了這招，已沒有其他招可用，那麼，你就跟會吧！

● 股票

風險性中等，預期報酬率長期持有15％。

【運用建議】

有心、對自己的EQ有把握、有時間照顧、不怕短期損失的人，都可以學著操作買賣。

股票對我們的投資儲蓄常常會有很高的貢獻度，但相對的，比較花時間。而且，你得保證你賺到了錢，不會亂花，否則常因賺得太快，也會花得太兇，等到賠的時候，卻連老積蓄都賠進去了。

掌握產業龍頭股＋中長期投資＋不借錢投資＝股票致富三原則
要投資的人一定要記住！

● 債券型基金

風險性低，預期報酬率3％～9％。

【運用建議】

雖然你賺的報酬要付給基金公司一些支出，但總是比無聊的定存有趣多，也流行多了。你還可以辦「定期定額」讓銀行在薪水還沒有進到你的口袋前先扣掉，比媽媽還懂得管教你。

還有，你賣掉它換現金時，也很方便，只要幾個工作天，而且不像定存一樣有利息損失。不過，雖然它利率比定存高，但風險也比較高，有時可能又不賺反賠。

但總體來說，如果生性保守又沒有興趣理財，把錢交由專

業經理人，很合理，不是嗎？

● 股票型基金

風險性中等，預期報酬率長期持有15%。

【運用建議】

比債券型基金風險高，但相對的報酬率也比較高。

不要忽略，基金的複利效果是很驚人的。你當然也能選擇銀行的零存整付一樣有複利，可是利率卻是腰斬了快一半。就拿單期來比較，看起來好像沒有差到哪裡，但是，10年、20年來看，哇！差很多。

別跟自己體力與青春過不去，如果投資對了，就可以早幾年退休的，就別那麼愛靠工作賺錢了。

● 信用卡

不被盜用沒風險，預期報酬率-20%～2%。

【運用建議】

別以為信用卡是壞人，人家它一直提供很優惠的服務給我們，只是很多人懶得學著一邊刷卡一邊賺錢的工夫，卻拚命去學刷卡花錢本領。

　　如果你覺得你將用卡用一輩子，別忘記用心去學一學刷信用卡賺錢功。

● 外匯

　　風險性高，預期報酬率20％。

【運用建議】

　　外匯可以稱得上是「理財貴族」，不但門檻很貴（至少1萬美元），學費也很貴（自修要花一段不短的時間），報酬很高、風險也很高，但如果經驗夠，成就感也很大。

基金 View Point

　　嚴格說來，債券並非都是低風險低報酬，因為當中有一種叫「垃圾債券」——有財務危機，隨時可能倒閉的公司，就是特殊分子，特別跟別人不一樣。

　　所以，一般公司債的投資報酬率低於5％、公債約7-8％，而垃圾債券則可能高達20～30％，夠高吧！如果投資人夠厲害，公司夠幸運沒倒閉，那麼獲利將非常可觀的，當然也可能一夕間賠得很慘囉！

◑ ◐ 寫在基金理財之前……3
你的財富何時會倍增？

　　想變有錢的第一步就是要會算，因為會算，就會加強理財投資的信念。

　　學生時代老師一定教過「複利」神奇的威力，如果你不想那麼複雜，這裡要告訴你神奇的「魔數72」，你只要謹記簡單的「72法則」，就可以自己簡單的算出：「如果你要賺本金一倍的錢，須花幾年。」

 魔數72、財富倍增公式：
72÷（年報酬率×100）＝本金增加一倍的時間（年）

　　如果你把錢放定存裡，年利率是6%，那麼多久時間本金會變一倍？

　　算法是：

　　72÷（6%×100）＝12（年）

　　這個公式的意義是，如果你將10萬元存在年利率6%、以月複利計的定存，要變成20萬的話，你必須花12年。相同的，如

果你的本金是100萬，變成200萬的時間也是12年。

假設，你投資平均年報酬率是15％，那麼你本金要變一倍的時間是：

72÷15％×100＝4.8（年）

基金 View Point

你可能覺得很奇怪，72究竟是怎麼來的，它的原理是，如果以1％的複利計算，經過72年，本金就會變成原來的一倍。就這麼簡單囉！

Mutual fund is so fascinating !

PART 1

●●●

基金有多迷人

五大魅力，實現你的致富大夢

無痛苦理財法的第一名，基金，是當之無愧

每個月只要花少少的錢，不需掙扎，即能存錢致富

如果你聰明一點，還能為你少繳幾十年房貸

輕鬆省下幾百萬稅款

◐ ◑ 基金魅力 Fascination……1

每月3,000元，就能輕鬆投資賺錢

自從共同基金從英國問世以來，投資就變得很容易了，幾乎每個人都做得到。

因為我們不一定要有一大筆錢，也不需要浪費錢請專家，只要身上有小閒錢都可以拿來投資。大的錢就不用說，小的錢只要3,000元就可以。

現在幾乎所有的基金最小的投資金額都只要3,000元，而且還可以自動從銀行戶頭扣除，每個月不痛不癢的，可是幾年下來，就有一筆可觀的資金了。

範例說明 如果你一個月投資3,000元，假設基金市場平均年報酬率15％來計算的話，那10年後你就會有825,651元。（請查零存整付（月）複利終值表，期數：12期，年利率：15％，終值：275.2171，算式：3,000×275.2171＝825,651）

◑ ◑ 基金魅力 Fascination……2
不懂，就讓別人幫你賺錢

你一定聽過外匯、期貨、債券、股票……等名詞，一般人或許不熟悉，不過不懂它們也沒關係，就讓別人幫你賺錢吧！

也許你曾經這樣鬱悶大罵過：「可惡的股票，總是買了以後就開始跌，可是很奇怪，賣掉它又開始漲。更奇怪的是，每支股票都在漲，可是我買的就是不會漲！」

其實，要投資股票，還真不容易，我們可能不清楚「晶片」是幹嘛的，也不知道為什麼「印刷電路板」會出現存貨賣不掉的情形。不懂不懂，幾百家的公司我們怎麼知道哪幾家是賺錢、哪幾家是賠錢、哪幾家賺的比較多、哪幾家賺得比較少？

這些事情，雖然關心但就是不容易搞清楚。沒關係，就是因為我們投資在基金上，基金經理人一定會想破頭去搞懂。

基金公司有一票研究員，又有一票超級操盤經理人，我們只要支付一點手續費和管理費，他們就會幫我們投資，這正是他們的責職。其實他們的壓力是很大的，試想，每天幾百支基金大家都排排站在比誰的操作績效好，還能不盡心盡力嗎？

◆ ◆ 基金魅力 Fascination……3

世界五大洲，任你投資遨遊

如果，碰到台灣經濟不太好，但是美國和歐洲的市場卻很好，那要怎麼投資呢？

如果有閒那就多做各種投資工具與趨勢研究，如果沒空，買基金實在比較快，因為有些基金是專門投資在美國、亞洲、歐洲等個別區域的，有些還是全球混合型的……，至於哪裡利多、哪裡利空的問題，當然是由基金經理人去傷腦筋。酷吧！

此外、就算你是個大外行，買了基金以後，很自然的你會開始關心所有變化，日子一久，你的整體經濟概念及視野將會和你的投資獲利一樣愈久愈多。

基金 View Point

不知道你相不相信「小富由儉，大富由天」的說法，想想看，是不是有時你拚命想要賺錢，錢卻老是跟你作對？可是當你不再追著它死纏爛打時，它卻向你招手，很奇妙的現象吧！

◐ ◑ 基金魅力 Fascination……4
基金讓你少繳15年的房貸

　　如果你有長期且大額的貸款，你可以搭配定期定額的基金，讓資金更為靈活，而這種方式最常運用在房子貸款上。

　　一般來講，在相同的貸款利率水準下，如果你採本息平均攤還所借來的錢，你借的年限愈長，每個月要繳的錢就愈少。但相對的，銀行因為年限愈長，它借給你的錢風險就愈大，加上通貨膨脹、成本等因素，你能談到的利率也就愈高。

　　如果上述有看沒有懂，那麼我們就直接來看Jun買房子的例子好了。

範例說明　Jun最近買了房子，向銀行貸了300萬，她有點煩惱，因為銀行給了她兩種選擇方案，她不知該選哪一個好？

方案	利率	貸款年期	每個月繳
A	8.75%	15年	29,983
B	9.25%	30年	24,680

■ 方案選擇思考一

Jun第一次看到這方案的時候，用很直接的想法：

1. 這兩筆錢都在她預算３萬元／月內，所以，她都能接受。
2. 每個月多繳（29,983－24,860＝5,303）5,000多元，就能讓房貸的壓力少15年，好像應該選Ａ案。
3. 但是如果選Ｂ案，然後把5,000多元拿來做其他用途，是不是會產生不同的選擇？
4. 於是，Jun計算，如果把5,303元拿去做定期定額的基金投資，會有什麼不同的結果。
5. 複利夠強吧！不起眼的5,000多元，時間夠久，利潤就很可觀。經過比較，Jun決定選擇Ｂ案，以提高資金利用率。

Jun是一個保守的人，所以她把共同基金過去歷史報酬作一個分別，分三種利率算。

預期	基金年報酬率	每月投資	投資30年數本利和
悲觀預期	8%	5,303	7,903,375（約800萬）
合理預期	10%	5,303	1,198,736（約1,198萬）
樂觀預期	14%	5,303	29,129,225（約2,912萬）

■ 方案選擇思考二

如果只用這筆每月5,000多元的錢，透過投資，快快把貸款還掉，可能嗎？於是，她又算了一次：

預期	基金年報酬率	每月投資	投資10年本利和
悲觀預期	8%	5,303	969,918（約96萬）
合理預期	10%	5,303	1,086,054（約1,086萬）
樂觀預期	14%	5,303	13,737,951（約1,373萬）

如果Jun持之以恆，以5,303元每月投資基金持續10年，算算本利和，在30年房貸尚未期滿前，就能提前償還掉大半。

當然，這只是提供你規畫財務的參考，因為10年後一次拿上佰萬去還房貸餘額可能不是很划算。但這總比選擇15年期的貸款，天天把自己壓得扁扁的聰明多了吧！

基金 View Point

這個例子值得購屋族在家裡仔細精算（可查本書附錄），因為現在房貸利率很低，沒有必要急著還房貸錢，多留點「實力」投資，可以輕省不少。

◑ ◑ 基金魅力 Fascination……5
基金節稅，輕鬆省下數百千萬

投資基金，可以「節稅」哦！

關於節稅，共同基金是選擇的管道之一，它不一定是最好的，但多熟悉它，卻可提供你在財務運用上多一個思考方向。

在你的親朋好友中，也許有一些「有錢的長輩」，擁有很多房子與鉅額存款。但是，如果他們不會合法節稅、聰明理財，不知不覺中每年就平白上繳國庫一堆原本可以省下的稅金，好不可惜！

此外，一般家庭最麻煩的事，大概就是長輩不願正視所謂的「遺產」、「贈與」之類的問題，往往到了最後，留給後輩的不是傲人的資產，而是恐怖的負債。懂與不懂「節稅」，一來一回間，可能不是你以為的「大約就是省個幾千元」而已！

換言之，如果懂得事前規畫，未雨綢繆，不管是從長輩那裡得到資產，還是將來把資產留給你的寶貝，會算與不會算可能差別有上億之譜。好了，現在就讓我們拿起筆和計算機演算看看其間的差異！現在我們來看阿May的例子。

範例
說明

阿May22歲，目前在某公司擔任助理職，每個月的收入是28,000元，扣掉勞健保等支出，每個月實際進到她戶頭的大約是26,000元。

阿May去年底開始以每月5,000元定期定額投資國外基金，幾個月下來，雖然只賺到一些錢，但因為是自己的投資，也就特別用心學著數數算算。最近父親計畫把銀行定存轉800萬元給阿May，但這牽涉到數百萬贈與稅，該用什麼方式給阿May最有利呢？

■ 父親提議用兩種方式贈與

● 一次把800萬轉給阿May

那麼這一筆贈與稅是：

8,000,000×27%－985,000＝1,175,000元（贈與稅）

阿May實際只得到：8,000,000－1,175,000＝6,825,000元

如果阿May把這筆款放在銀行定存，每年7%的報酬。8年後，這筆錢會變成11,928,916元（約1仟200萬元，計算方式同『零存整付』最後本利和），但這可不是實際的進到阿May的數字哦。因為這筆錢放在銀行每年的利息都超過27萬元，是必須計

入個人綜合所得稅的。

 計算公式 贈與稅速算公式：

贈與淨額×稅率－累進差額＝應繳稅額

贈與淨額級距	稅率	累進差額（新台幣）
1〜600,000	4%	0
600,001〜1,700,000	6%	12,000
1,700,001〜2,800,000	9%	63,000
2,800,001〜3,900,000	12%	147,000
3,900,001〜5,000,000	16%	303,000
5,000,001〜7,200,000	21%	553,000
7,200,001〜14,000,000	27%	985,000
14,000,001〜29,000,000	34%	1,965,000
29,000,001〜45,000,000	42%	4,285,000
45,000,001以上	50%	7,885,000

● **父親分8年給阿May**

根據遺產稅及贈與稅第22條規定，每一贈與人每年有100萬元的免稅額。因此，父親分8年，每年100萬元存入阿May的帳戶，如此就課不到贈與稅了。

以定期年利率7％算，阿May8年後一共有：10,259,800元，採這種方法，前3年課不到阿May的稅，但3年後，利息收益開始超過27萬元，還是得繳綜合所得稅。

■ 阿May利用基金節稅

聰明的父親與阿May二人算一算，決定採用第二種贈與方式，如此也就可以免上繳1,175,000元的贈與稅。

接下來阿May把每年100萬元的錢，平均分攤在一年的每個月份，分月買海外共同基金，每個月可投資額為83,333元（100萬÷12個月＝83,333）。

為什麼阿May不以一次100萬作單筆投資？

理由很簡單，因為怕萬一買錯基金或是行情太高時進場，風險太大，所以採定期定額分散風險成本。

經過8年，每月投資83,333元，平均報酬15％，終值一共是15,494,652元（約1仟500萬元新台幣。計算方式同『零存整付』最後的本利和。）

因為投資基金資本利得部分為免稅。所以，阿May的老爸既不會被課到贈與稅，阿May投資所賺的錢也沒有被課到稅。

結論，如果只考慮阿May的部分，（不考慮父親的利息收益、稅等，因為分批給或一次給，對阿May的爸爸的財產是有影響的。）將以上方式整理如下表格，很快就可以知道哪一個方法對阿May最有利了。

三種理財方式，三種不同得結果

項目 方法	定時定額投資 83,333元/月在基金	一次贈與	每年100萬 存入定存
實際獲贈金額	800萬	約683萬	800萬
8年後阿May 可擁有金額	約1,500萬	約1,200萬	約1,026萬
稅	不繳贈與稅 不繳所得	繳 贈與稅 繳所得	不繳贈與稅 超過２７萬 必須繳所得

基金 View Point

想想，如果你是阿May，是財產的贈與人，要留給自己（或小孩）的是一筆靈活的、免稅的的財富？還是一棟得繳一拖拉庫稅的存款或不動產？

What is mutual fund ?

PART 2

●●●

基金是什麼

四大步驟，快速弄懂基金是怎麼一回事

也許你對「基金」二字並不陌生

因為報章媒體報導她很多，像個明星似的

不過有時會愈看愈朦朧

其實，如果你是新鮮人，可以不用知道太多

曉得怎麼賺錢、怎麼買賣、計算報酬率，就可以上手了

◐ ◑ 認識基金 Step……1

快速認識基金專業名詞及含義

　　聽過「淨值」、「贖回」、「保管費」……等詞嗎？這些是基金的專業名詞。本書特別彙整，讓你不再一知半解。

　　以下就趕快來看看基金常用的名詞有哪些？

● **投資信託公司**

　　簡稱投信公司，也就是籌募資金的基金公司的全名。

● **申購**

　　就是買基金的意思。

● **贖回**

　　當股票大賺一筆之後，你會想把股票賣掉；同樣的，贖回就是類似把所持有的基金賣掉。

● **受益權單位面額**

　　基金在一開始發行的時候，一單位都是10元。

● **受益憑證**

　　就是類似買賣股票的一個證明，有這個證明才代表你有買這個基金。

● 基金淨值

股票的單位為「一股」，但是基金的單位就很簡單了，就叫作「單位數」，所以基金淨值也就是買到一單位基金的成本。基金淨值的英文即為NAV，這是很重要的三個英文字母，現在起一定要牢牢記住。

 如果A股票是23元，那代表買一張A股票需要 23,000元。因為一張股票有1,000股，一股是23元，所以總共要：

23×1,000股＝23,000元

如果B基金NAV是16.30元，買500個單位數，就需要：

16.3×500個單位＝8,150 元

換言之8,150元能買到500個單位的B基金。

● 銷售機構

賣基金的除了基金公司本身以外，基金公司還會委託一些銀行、合作金庫、證券公司幫它賣，因此申購的地方有很多，不一定要跑到基金公司去。

● 經理費

基金經理人很辛苦地幫我們操作管理基金，勞心勞力，所

以不論賺錢或賠錢我們都要支付經理費。

● 申購手續費

幫我們開戶的專員是很辛苦的，因為他（她）們要幫你把資料建檔，所以要支付手續費。

● 保管費

因為基金公司只幫我們操盤，所以如果錢直接交給基金公司，搞不好哪天公司捲款潛逃誰都不知道，所以要有一個地方保管我們的錢，這時就要有一個機構來保管，因此我們要付保管費給保管機構。

● 贖回手續費

贖回跟申購一樣，如果投資人要贖回，基金公司要把錢給你，資料更新都要人力、物力，所以要收贖回手續費。但這個費用不一定是要付的，有些基金公司會規定如果是親自在基金公司辦理贖回，則不需付贖回手續費；如果是在基金的代銷機構，則必須酌付一點點的手續費。

● 閉鎖期

投信公司成立新基金開始進場買賣之後，通常會有一定的時間（通常為3個月）規定投資人不可以贖回，這段期間稱為閉鎖期。

　　對於閉鎖期有的投資人會蠻嘔的,因為要獲利了結或是認賠出場都不可以。不過,這樣的限制是有必要的,因為如果在一開始就讓投資人隨便贖回,基金經理人會很難操作,因為可投資的錢不固定,經理人可能為了要因應贖回而賣掉看好的投資標的。

● 公開說明書

　　每檔基金在發行時都有一份公開說明書,裡面會說明所有有關基金的大小事,像是基金所投資的標的(是投資於通訊?科技?金融類股……等)、基金投資的限制之類的,如果基金公司違反裡面的相關規定,就必須接受證管會的調查。

基金 View Point

　　工欲善其事,必先利其器。

　　所以,聰明的你至少要利用看八卦雜誌或撥出上網的時間,把理財最基本的常識弄懂,才有信心贏得勝利。

◑ ◑ 認識基金 Step……2

基金身家大調查

很多人想投資基金，但是一看到洋洋灑灑600多支基金一字排開，心就涼半截了。「這麼多，怎麼選？」

其實，基金並不複雜，只要花一點時間，先把重點分類掌握，不出10分鐘你就功力大增了。

基本上，你大可以從股票型基金、債券型基金、平衡型基金、海外基金等認識起。

①TYPE 股票型基金

賺錢速度	0%～∞%
賠錢速度	0%～∞%
獨家賣點	就像請了位專家幫你在全世界各地買賣股票。
誰最合用	可以受得起大賺大賠。有長期資金運用管理概念的年輕人。
誰易過敏	無法承受賠錢風險的人。
就這樣用	從年輕就養成投資觀念，可以配合存養老金、為小孩準備教育費、房貸，有助於長期資金管理。

　　股票型基金顧名思義，就是基金所投資的大都是股票，雖然也可以存存定存啊，做做附買回交易，但是通常公開說明書裡會有規定一定要買多少比例的股票，也就是基金的淨資產裡一定要買股票，除非依投信公司自己判斷，在特殊情形下，為了基金的安全著想，則不受比例的限制。

　　除此之外，基金命名多會反應所投資股票屬於什麼類型。

　　舉例來說：名稱叫「××高科技基金」，投資標的大多是科技類股：「中小型股基金」，投資的就是一些較小公司的股票（當然是要上市上櫃的公司）：不過有些基金的名字很特別，有神明和動物的名字，所以，買的時候一定要記得問一下主要投資標的是什麼。

● 什麼是附買回交易？

　　附買回交易就是投資人向需要資金的對手（如證券商和票券公司等）買進債券，然後對手會在約定日期，加計利息將債券買回來；簡單地來說，就是借錢給別人。

　　附買回交易的好處是交易的時間很短（1天到1年都有），不會浪費任何一天的利息收入。一般來說，附買回交易的金額都有點大，小額投資者比較不可能做這種交易，不過本著「因

為敗家、所以理財」的意念，哪天我們的錢夠多了，就來給它
做做附買回交易，每天都有利息進帳，每天的錢都不浪費。

範例說明　附買回交易如何賺錢

小菁在50歲的時候，因為年輕時懂得理財，所以
存了600萬。除了300萬銀行定存及100萬投資在股票
型基金之外，剩下的200萬，小菁想開一間小小的花店
，可是如果把200萬放在銀行活存利息又太少了，放在
股票型基金又怕賠錢，所以小菁的朋友小華就建議小
菁做做10天的附買回交易。

假設附買回的條件是10天，利率是5.2％，則小菁10
天後可拿的錢就是：

100萬×（1＋5.2％×10÷365）＝1,001,425

所以小菁這10天還可小小賺到利息錢1,425元。

基金 View Point

如果你的基金經理人把一些錢拿去存定存，代表經理
人可能看壞後來的行情，所以先把錢拿去存定存或是做附
買回交易，賺個利息錢，等情勢明朗之後再進場。

② 債券型基金

賺錢速度	5%以上。
賠錢速度	目前大部分是0。
獨家賣點	比定存好。可以節稅。可以隨時變現。
誰最合用	有長期投資概念的人。想節稅的人。
誰易過敏	喜歡刺激的玩家。
就這樣用	有錢去買就對了。

　　債券型基金投資的標的當然就是主要投資債券了,包括公司債、政府公債、定存等等。

　　債券型的好處是它屬於固定收益型的商品,所以我們不會有坐雲霄飛車的感覺。債券型基金因為收益比較固定,而且大部分贖回的時候,利息都不用打折,所以吸引一些法人以及希望保老本的投資人。

　　其實,以現在來說,債券型基金的收益大多高於銀行定存利率,因此,基金規模愈來愈大,在2003年11月初的時候,國內的債券型基金規模已達2.2兆,可怕吧!

　　債券以前都是大法人在投資,不過因為現在股票風險實在很大,且定存利率又太低,所以我們這些小散戶的資金也要向

有效率的地方移動，分散一些投資在債券型基金上。

　　以現在來看，債券型基金實在是比定存好太多了。

【債券型基金、定存比較表】

	債券型基金	定存
報酬率	較好	較差
可否提前解約	大部分是隨時可以贖回	可以，不過利息要打折
要不要課稅	就像股票的資本利得不用課稅一樣，因為政府把債券型基金的收益視為資本利得，所以免稅啦。	要的。如果是自然人，超過27萬的部分當然要。如果是法人，就要看法人的稅率。

③ 平衡型基金

賺錢速度	0%～20%
賠錢速度	看你選了誰當基金經理人，有些是投資股票多，有些是投資債券多。
獨家賣點	股票市場也賺＋債券市場也賺。
誰最合用	追求報酬穩定，又希望帶有點風險的人。
誰易過敏	看它賺就抱怨它怎麼不多賺點、看它賠就抱怨它怎麼那麼笨。
就這樣用	配合自己的理財計畫。

平衡型基金投資的是股票及債券，兼具兩者的投資優勢。

當股市不好，每一支股票都在跌的時候，就算再強的股票基金經理人可能也會不支倒地；同樣地，當債券市場不好時，基金經理人只能望著表現亮麗的股價興嘆了。所以平衡式基金就是為了要克服這個缺點，讓投資可以更靈活。

④ 海外基金

賺錢速度	0%～∞%
賠錢速度	0%～∞%
獨家賣點	國內景氣有點遜的時候，可以到經濟景氣正好的國家賺他們的錢。
誰最合用	關心國內、外經濟情形的投資人。
誰易過敏	懶得理會國內外資訊的人。
就這樣用	具有調節、分配個人資產的功用。

有些國內基金公司覺得國外的股票或債券報酬率比台灣好，所以成立國外基金。不過，目前國人投資海外基金大多還是經由海外投資集團在國內所設分公司。

購買海外基金，投資人可以到銀行以「指定用途信託資金投資國外有價證券」方式申購。

● 投資海外基金注意事項

1.漲停限制

國外有些國家沒有漲（跌）停板的限制，所以基金有可能一天就賺翻了，也有可能一天就賠掉一大半。

2.政治風險

有些國家常常發生罷工、暴動或政治大貪污事件，這些對基金的風險都是很大的。

3.匯兌利得或損失

投資國外的基金不但可以在投資上賺錢，匯率上也可以再賺一次錢；不過相反的，也可能先在投資上賠一次，然後在匯率上再賠一次。

當台幣貶值的時候，雖然在國外賺的錢一樣，但換成台幣之後變多了，所以台幣貶值對基金的匯兌較好。當台幣升值的時候，即使在投資上賺了錢，但換回來的錢卻變少了，所以台幣升值對基金的匯兌不好。

範例說明 假設有一支基金在美國賺了200萬元，匯率原為1
：32.5，所以賺的錢換成台幣就是賺了：
200萬元×32.5＝6,500萬元

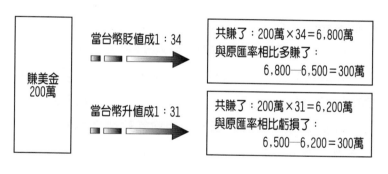

⑤ 其他類型基金

　　由於全球化需求，近一、二年來，台灣陸續開放基金的投
資，使得基金種類愈來愈多，如保本型、貨幣型、認股權證基
金……等，甚至連保險業者也紛紛投入基金的行列，推出「投
資型商品」，花招之多，令人眼花撩亂。

　　既然有那麼多新花招，總是要多多認識一下，充實知識，搞不好很適合你哦！

● 貨幣型基金

　　現在銀行存款利率遠低於通貨膨脹率，不到2％，且定存在銀行隨時想用錢時，利率又要打個八折，實在非常划不來。但是你又是一個很保守的人，風險承擔度很低，沒關係，在這裡為你介紹一下國內最近才發行的基金類型叫「貨幣型基金」。

　　「貨幣型基金」投資標的為流動性極佳的貨幣市場工具，例如短期票券、可轉讓定存單……等，可說是各類型基金中淨值波動最穩定，風險最低，但相對的報酬率也低於債券型基金，不過，對於隨時可能要用錢且很保守的人，是一項不錯的選擇。

　　事實上，過去國內所發行的債券型基金，有八成在性質上接近貨幣型基金，所以證期會就要求業者調整債券型基金投資內容，以便區分兩者之間的不同！

● 保本型基金

　　顧名思義，當你投資保本型基金時，會保證到期時，可拿回一定比例的本金，不過並不保證投資人的本金永遠不縮水哦！因為有投資就有風險。

　　保本型基金將大部分的資金投資在可固定產生利息（如：債券）或風險極低的金融商品，然後再用利息或極小比例的資金投資在其他風險較高的金融商品上。所以適合想要長期投資及保守型的人。

　　目前國內保本型基金大都是海外機構所發行的，以外幣計價，所以要特別注意匯率問題。不過，現在國內投信業者也推出了以國內為投資市場的保本型基金。

　　投資保本型基金要注意的是，保本的比例及契投資期限（通常為2～5年不等），而且，愈早贖回所要支付的手續費也愈高。此外，因為保本型基金屬於半封閉型式，只有在籌募期間能認購，因此資訊比較不容易取得，需要向基金公司或代銷機構詢問。

● 壽險業的投資型商品

　　微利時代來臨，壽險業者也開始進入投資市場，而有所謂的「投資型商品」——兼具傳統壽險及投資的性質，並且採用分離帳戶，而其投資標的主要就是基金。所以，現在壽險業者，也可以說是投資基金的另一個管道。

　　它和一般基金最大不同是具有壽險的保障，也就是在投資期間如果有意外，除了可領回投資的報酬外，還可領取保險金

。值得一提的是這類型的基金，有的只要1,000元即可投資，門檻比一般基金的3,000元還低，而且還可以一次選擇好幾支基金，以分散風險。這樣聽起來似乎迷人得不得了，但是，這種商品會收取高額的其他費用，與許多限制，且每家壽險業推出的方案均不相同，要投資前一定要問詳細，因為「羊毛一定出在羊身上」。

　　事實上，你應該以保險的角度來看待壽險公司所推出的「投資型商品」，同時，正因為它的限制很多，反倒有了很好的強迫儲蓄功能。

● 指數型基金

　　基金有數百支之多，實在不知道該選哪一支，更氣的是，當你認為景氣已經復甦，大盤指數也漲了，然而你選的基金卻跌了，真是命運大不同！這時候只要選擇指數型基金就不會有這種困擾了。

　　什麼是指數型基金？它是指基金的操作是按所選定指數（例如美國史坦普500指數，日本日經225指數……等）的成分股在指數所佔的比重，選擇同樣的資金配置模式投資，如果大盤漲了就能獲利，大盤跌了就虧損。

　　雖然，指數型基金不需要費腦筋選基金了，但卻需要正確

判斷所投資的市場、或產業的趨勢好、壞。

基金 View Point

　　基金有很多種，基本上可以根據投資標的、區域、策略……等來分，一般的分類大致如下：

投資標的分類：股票型基金、債券型基金、貨幣市場基金

發行註冊地分類：國內基金、海外基金

投資地區分類：單一市場基金、區域型基金、全球型基金

基金型態分類：開放式基金、封閉型基金（註一、註二）

按風險分類：積極成長型基金、成長型基金、保守型基金

註一：開放式基金，是指基金規模不是固定不變的，而是可以隨時根據市場供求情況發行新份額或被投資人贖回的投資基金。

註二：封閉式基金，是相對於開放式基金而言的，指基金規模在發行前已確定，在發行完畢後和規定的期限內基金規模固定不變。

　　簡單來說，封閉型基金有如「限量發行」的商品，一旦數量賣完就不會增加了，如果你想買，只能透過證券商向已擁有的人來買，有如上市、上櫃股票一般。

◐ ◑ 認識基金 Step……3

10分鐘算出投資報酬率

　　單筆申購基金的買、賣怎麼算錢？還要付多少其他費用？投資報酬率有多少？

　　只要看看以下例子很快就懂了。

 Rita不知道要買哪支基金，到了資金公司，理財專員建議她，現在買「天才基金」最划算。理由是：

1.因為手續費打五折，現在只要0.75%（本來是1.5%）。

2.而且目前的NAV只有13.13。

3.保管費只有0.2%。

4.經理費只有1.2%喔！

　　聽完之後Rita還是一頭霧水，因為她不知道他抱著10,000元可以買到多少單位的基金？三個月賣掉時會有多少錢？投資報酬率是多少？現在我們來幫Rita算算吧！

要先了解基金淨值的計算方式

計算
公式　**基金淨值的計算方式**

$$淨值（NAV）= \frac{基金的淨值總市價 - 必要負債}{基金單位數}$$

$$必要負債 = 經理費 + 保管費$$

　　由上面計算公式得知，投資基金你可以買到多少單位數，並不需要考慮要經理費和保管費，因為那些費用已經反應在淨值上了。

　　經理費與保管費皆已含在淨值內計算，這兩筆費用愈低，代表基金負債愈低，淨值就愈大。

手續費要內扣還是外加？

　　了解基金淨值的計算方式後，理財專員請Rita選擇手續費的付費方式：

1.手續費外加

　　手續費為：$10,000 \times (1.5\% \times 0.5) = 75$ 元

可買到的基金單位數為：

10,000÷13.13＝761.614

所以Rita會有761.614個天才基金的單位數，但除了10,000元

之外，要多付75元的手續費。

2. 手續費由10,000元中扣掉

手續費為：10,000×（1.5%×0.5）＝75 元

可買到的基金單位數為：

10,000－75＝9,925元 　　　9,925÷13.13＝755.902

所以Rita會有755.902個天才基金的單位數。到此，Rita就買

到生平的第一支基金。

■ 六大公式，精準算出基金的投資報酬率

● 公式一：基本公式

投資報酬率＝

（期末淨值－期初淨值）÷期初淨值×100%

● 公式二：在投資期間有收益分配

投資報酬率＝

（期末淨值－期初淨值＋收益）÷期初淨值×100%

● **公式三：投資海外基金以外幣計算**

投資報酬率＝（期末淨值－期初淨值）÷期初淨值×100％

● **公式四：投資海外基金以本國貨幣計算**

投資報酬率＝

（期末淨值×期末匯率－期初淨值×期初匯率）÷期初淨

值×期初匯率×100％

● **公式五：收益分配轉投資的投資報酬率**

a. 由收益換算持分數，收益÷期末淨值＝收益持分數

b. 期末持分數＝收益持分數＋原有的收益持分數

c. 套用原有的公式：

（期末淨值×期末持分數－期初淨值期初持分數）

÷（期初淨值×期初持分數）×100％

● **公式六：定期定額計算──可查表**

期滿可拿回的本利和＝

〔（每月存入本金×12）÷年利率〕

×〔（1＋月利率）^{期數}－1〕

〔範例一〕海外基金的報酬率

去年Tina買海外基金，當時該支基金的淨值是12馬克，到今年11月剛好滿一年，目前淨值是14馬克。Tina買進時馬克對

本國貨幣是1比21，現在是1比20。不考慮手續費與其他，並採新台幣計值，她這一年投資基金的投資報酬率是多少？如果以馬克計算，這一年的投資報酬率又是多少？

只要直接套用上述的海外基金投資報酬率公式即可算出Tina所投資基金的報酬率。

a. 以台幣計值的投資報酬率為11%

投資報酬率 ＝

（期末淨值×期末匯率－期初淨值×期初匯率）

÷期初淨值×期初匯率×100%

期末淨值＝14馬克　　　期末匯率＝20

期初淨值＝12馬克　　　期初匯率＝21

投資報酬率

＝（14×20－12×21）÷12×21×100%

＝（280－252）÷252×100%＝11%

b. 以馬克計值的投資報酬率為16%

投資報酬率 ＝

（期末淨值－期初淨值）÷期初淨值×100%

投資報酬率 ＝

（14－12）÷12×100%＝2÷12×100%＝16%

〔範例二〕國內定期定額基金的報酬率

　　Tina決定每月再投資3,000元買定期定額國內基金，她選中了一支基金，這支基金前年投資成果報酬率為9%，去年報酬率為15%，如果按此年複利平均利息計算，Tina存3年，她能拿回多少錢？

a.先估算未來的平均年報酬率，約12%

　　公式＝（1＋9%）×（1＋15%）＝1.2535

　　（$^2\sqrt{1.2535}$）－1＝1.11959－1

　　＝0.11959≒12%≒129,230元

b.利用零存整付（月）複利終值表計算，為為129,230元

　　年利率＝12%　　　　　期數＝36

　　查表（附錄）得到的數值是＝43.0769

　　這個數字指的意義是每月存1元，存了36個月以後，你可以拿回來43.0769 元

　　每月Tina投資3,000元，所以拿回來的錢是

　　3,000×43.0769＝129,230元

〔範例三〕考慮通貨膨脹率的基金報酬率

　　Tina每年年終獎金10萬元，她計畫每年以5萬元買年報酬率12%的基金，作20年長期投資，當成退休後環遊世界的基金。

Tina也考慮每年約4％的通貨膨脹，那麼20年後，她的退休金相當於現在的多少？

a. 不考慮通貨膨脹因素，20年後約有360萬

雖然一樣是「零存整付」的概念，但因為是一年投資一次，所以查表要查：「年金複利終值表」。

＊查表計算法

年利率：12％ 期數：20

查年金複利終值表得72.0524

它的意義是，每投資一元，期終就能領回72.0524本利和。

故20年後可拿回50,000元×72.0524＝3,602,620元

b. 考慮通貨膨脹，20年後的3,602,620元是現在的1,644,206元

但20年後，這筆360萬元是會被通貨膨脹給「扁」下去的。

通貨膨脹率＝（1＋通貨膨脹率）^{期數}＝（1＋4％）^{20}

這個數字用計算機會乘到暈，可以查「複利終值表」

利率（R）＝4％ 期數（N）＝20

查表得知對應數為 2.1911

表示現在需要1元的東西，20年後須要2.1911元。那麼3,602,620元，20年後相當於現在的多少錢？

3,602,620÷2.1911＝1,644,206元

◆ ◆ 認識基金 Step……4

選擇最適合自己的基金組合

買基金不就是把錢交給專家了嗎？為什麼經常在報章媒體看到「基金組合」這四個字？現在，你只要花點時間了解基金公司的運作，大概就懂得「基金組合」為何物了。

一家基金公司最基本的「配備」，一定有很多專業的財經研究員，雖然他們都是財經背景出身，不過都各有專長，也各屬於不同的部門，有外匯、股票、債券……等部門。每個部門都各司其職把他們的金融商品管理好──股票部門專門研究股價、債券部門專門研究債券、外匯部門專門研究外匯。

他們除了研究，當然也進行投資，可是這些投資的錢從哪裡來？當然是我們這些投資人囉！

基金經理人用心幫投資人發掘最大效益，但是，每一家公司的基金產品卻有那麼多種，你必須根據自己的理財計畫，慎選適合你的基金，因為，別人適合的基金不一定適合你。

舉例說，如果你期望收益穩定，那麼就選債券型基金吧！因為它的調性與節奏和過去的投資績效告訴我們，它的風險較

低，當然它的報酬率也就低些。

相對的，如果你覺得風險大一點沒關係，但能有機會賺得多一點，那麼，你就可以選股票型基金，一般而言，它就是那種高報酬且高風險的投資商品。

你可以不懂股票怎麼操作才能賺大錢、債券如何交易最划算，因為這些基金經理人會幫你管理，但是，怎麼選擇「基金組合」，這就得按照你的理財需求了。比方說，你手上有100元，你要30元買債券、20元買股票、50元做定存，這就是你的投資組合；高興的話，也可以100元全部拿去買股票。

■ 基金組合建議

以下提供了美國華爾街對資產配置組合的建議，它可以當成你的基金組合的參考。

【華爾街的基本資產配置表】

	股票	債券	活存
保守型（接近退休）	45%	35%	20%
中間型（45～65歲之間）	60%	35%	5%
積極型（應該是＜45歲的人）	85%	10%	5%
超級積極型（應該是＜35歲的人）	90%	5%	5%

■ 組合型基金

　　如果你常被該買哪一檔基金的問題而困擾，那麼近年來有一種新興基金叫「組合基金」，可能是比較好的選擇。

　　這會兒你一定會一頭霧水，那跟上述的「基金組合」又有何不同？

　　簡單來說，「組合基金」的投資標的就是「基金本身」，也就是「買一檔基金，形同買了一籃子基金」，基本上能更有效發揮風險分散的目標。這就如同最早大家說「買一支基金，形同買了一籃子的股票」，道理是一樣的。

　　而「基金組合」就是你的投資組合，你想把錢分配在哪幾種類型的基金，就買哪幾支基金，由自己來決定。而「組合基金」則由專業經理人幫你決定，幫你判斷基金行情及挑選好基金。你只要想想「我需要的投資組合是穩健、保守、還是積極的呢？」另外，也要挑表現良好的專業基金公司，一切就搞定了。

　　所以，當你要投資「組合型基金時」，一定要先行了解其可投資區域是屬於單一國家或全球型的，然後再根據自己的需求來選擇。

【基金投資區域類型風險比較表】

基金投資區域類型	風險
單一國家基金	最高
區域型基金	中等
國際型（全球型的）基金	有點大又不會太大

至於，組合型基金和一般基金有什麼不同？看看下表就更清楚了。

【組合基金和一般基金比較表】

	組合基金	共同基金
投資標的	投信所發行的基金數百餘支。	上市櫃股票、債券等有價證券。
風險報酬	可再分散基金投資風險，透過靈活調整基金組合，使長期績效表現較穩定。	可分散個股集中風險，但無法分散個別基金風險，單一基金表現差異甚大，相對風險較高。
基金種類	產品設計多元化，可依不同風險屬性自行搭配基金。	股票型、債券型、平衡型、海外型、貨幣型。
投資門檻	單筆10,000元起、定時定額3,000元起。	單筆10,000元起、定時定額3,000元起。
申購買回方式	可向投信、銀行、證券辦理。	可向投信、銀行、證券辦理。
各式費用	子基金若為自家投信基金不再額外收取經理費，若為其它投信基金，則酌收經理費（上限不超過0.5%），其餘手續費、保管費同一般共同基金。	經理費、保管費、手續費。

How to pick up mutual fund ?

PART 3

●●●

如何選基金

七大法則，選中賺錢出色的基金

國內可以選擇的基金多達數百支

是聽朋友推薦好？還是聽專家說

其實，自己學點功夫最實在

這裡要說的不是什麼高深的學問

但是有這麼一招半式，再多留意報章網路資訊

你很快就可以上手選出賺錢的基金了

◑ ◑ 基金選擇規則 Rule……1

正確觀念，選擇基金的第一步

　　選基金像交男（女）朋友一樣，你很難用因為他（她）哪一點好，就決定選擇了他。相同的，市場上有那麼多基金，也各有其存在價值，選定了一個基金，先保持點距離觀察看看，如果表現亮麗，加碼買進，如果不合，那分手。

　　所以囉，買哪一支基金好，沒有一定的標準，合意最重要。在這裡，我們要以過來人的身分告訴你，有些基金也許你現在看不出來，但是它很有價值；可是有些基金卻是口蜜腹劍，那麼，如果想要挑得對、挑得準，則要注意以下事項。

■　是否在證期會登記，投資可多一層保障

　　有些公司在國內募集基金並沒有經過證期會（證券期貨管理委員會）的許可，這些未經登記的基金，有的把投資人的錢不知道用什麼方法敗光了，有的則是把錢吞掉後走人，他們不見得一開始就心存歹念，但因為出了事，只好犧牲投資人。所

以，投資時一定要看清楚，因為每支基金都會說明自己是不是已通過證管會的許可。

特別再細細叮嚀一次，要分清楚國、內外基金的內容喔！

1. **國內基金**：這種基金最普遍，就是投資標的是在國內市場的基金，不管是外商公司還是本國投信。

2. **海外基金**：這種基金也蠻多的，就是投資標的是在國外市場的基金，不管是外商公司還是本國投信。

比較恐怖的是第二種基金，尤其是國外基金公司的海外基金。因為這種基金可能只是來台灣募集資金，然後去投資，並沒有經過證管會許可，所以一定要看清楚它的公開說明書喔！

基金 View Point

證期會的工作之一就是為投資人篩選海外基金，通常必需是信用良好的海外基金公司所發行的基金，且在國外有兩年以上操作績效的，證期會才會核准它在國內募資發行。你可打電話、上網或親自到證期會查詢。

證期會的全名是：財政部證券暨期貨管理委員會

網址：http://www.sfc.gov.tw

地址：台北市新生南路一段85號　電話：886-2-8773-5100

■ 理性看待基金公司所宣稱的年投資報酬率

有些基金公司為了讓業績好看，會採取對他們過去報酬率較有利的計算方式，讓績效看起來好像不錯。

所以，最妥當方法是自己比他們會算，如此一來，誇大的行銷手法，怎麼也逃不過你的法眼了。

● 透視基金公司的報酬率謊言

舉例，某基金公司提供他們的基金報酬率如下表：

	獲利率	附記
第一年	+80%	景氣好
第二年	−50%	景氣不好

平均起來還是相當有利潤〔80％＋（−50％）〕÷2＝15％，年平均報酬率是15％。

以上的說法好像很有道理，但是，如果你在第一年就投資這家公司20萬元，第一年獲利80％，你的錢變成：

20萬×（1＋80％）＝36萬

你打算做長期投資並沒贖回，這筆36萬元到了次年變成：

$$36萬 \times [1 + (-50\%)] = 18萬$$

其實兩年下來你的總投資報酬率是：

$$(18萬 - 20萬) \div 20萬 \times 100\% = -10\%$$

注意哦！兩年下來你的總投資報酬率是10％的負成長，根本不是基金公司所稱的15％。

● 了解正確的投資報酬率，聰明用錢賺錢

如果基金公司說：「本公司前兩年的投資報酬率是負10％」，冰雪聰明的你會買嗎？這你當然要用力考慮，或者乾脆掉頭就走。

從這裡就衍生了一個問題，每家公司的「平均獲利率」都各有各的算法，比方說，他們一樣套用比較合理的複利平均法，而不是用算術平均法，但是所得值一樣會很高。

有的基金公司則說這是最近十年或最近二十年的獲利率，有的則以最近十個月，或是表現最好的一年和表現最差的一年……等算法不一而足，並將特殊個案突顯、大做討論或宣傳。

當然，這裡並不是意謂基金公司很會騙人，而是希望大家對於「過去的報酬率」存太多的期待，畢竟投資看的還是未來的獲利。

■ 定期定額投資，別理會短期的淨值波動

　　以上我們所教的那些有點兒複雜的獲利算法，其實你都可以把它當成概念，了解一下就好。如果你所購買的是定期定額的基金，即使獲利暫時不佳，也不用太在意，因為這種投資方式你買的是「單位」，每個月投資一樣的錢，行情不佳時，反而買到更多的單位。

　　舉例來說，你在甲基金公司做定期定額每月3,000元投資A基金，到了第四個月的時候，每個月平均淨值的變化如右表：

〔每月平均淨值變化表〕

	淨值	擁有單位數
第一個月	20	150（3,000÷20=150）
第二個月	25	120（3,000÷25=120）
第三個月	15	200（3,000÷15=200）
第四個月	24	125（3,000÷24=125）

　　從上表得知，到第四個月的時候，你一共擁有595個單位：

　　150+120+200+125=595

　　假設你到了第四個月的時候想要贖回（賣掉），你能拿回來的錢是把總單位數乘以當時的「淨值」，以上例來說就是：

　　595×24=14,280 ……（本例先不考慮其他支出）

　　從這個例子，你大概就能了解，如果你採取的是定期定額投資的方式，最忌諱的就是所謂的「追高殺低」──在基金上漲的時候拚命加碼，下跌的時候快快賣，如果是這種無法「堅持」的心態，常常會買在最高點、賣在最低點。因此，最好的方法是，讓這筆定期定額被扣掉的錢作比較合理而長期的安排，等到有行情的時候，再獲利了結，至於短期的下跌波動，則不要太在意，反而能因此買到更多的單位。

■　要有國際觀，跨出國門，賺遍全世界

　　世界局勢變得好快，而且界線愈來愈不明顯，經濟成長快速的地區（國家），並不等於目前經濟情勢好的國家。如果你不甘心你的投資理財標的只侷限於國內，那麼多留意海外基金，其實是個不錯的選擇，而且，投資海外基金，勢必是未來的趨勢。

　　你可以這樣想，如果國內股市正值空頭市場，再厲害的操盤人在比賽也只是在「比誰賠得少」，如果是股市多頭，才真的是「比誰賺得多」。假設，你的資金有機會走出國門，就有機會避掉不景氣的經濟循環。

　　當然，沒有人真的可以很神勇的百分之百正確指出，世界上哪一個地區，現在正值多頭行情，但是，不要懷疑，個人的能力還是不及專業財經團隊的。因此，為什麼海外基金總是強調分散風險、作全球最佳資產配置不是沒有道理。

　　如果你覺得買海外基金，因為缺乏市場資訊，萬一買到一個正在「崩潰」的爛市場，豈不哀哉的話，那你可考慮低風險的世界型（或稱全球型）組合基金。這一類型的基金，不但讓如何選股的責任交由基金經理人，也將選擇投資哪一個市場的選擇權交由經理團隊，以作最佳的資產配置，獲利相對穩健。

　　而投資海外基金也有另一個好處，因為你有資金在裡面，為了關心自己所申購的基金，多少總會留意各國與世界的政經局勢，可藉機放大自己的眼光。

基金 View Point

投資海外基金有個好處，就是賺了錢卻不需要課稅。因國內課稅採取屬地主義，所以對境外所得不予課稅。

另外，為了吸引全球投資人，海外基金常會以公司名義在免稅天堂登記註冊，這些地方或國家包括盧森堡、百慕達群島、巴哈馬、英屬開曼群島……等等。

◯ ◯ 基金選擇規則 Rule……2

認識三個選基金的評量工具

買基金可不等於買化妝品，哪個廣告大，就買哪一種。以下三個評量工具，是選購基金常用的，初學者可以大致了解一下，要深入研究，可得靠平常多看多比較了。

■ 夏普指數（Sharpe ratio）

夏普指數是一種經過風險調整之後的績效指標，它代表著投資人每多承擔一分風險，與較無風險的投資（定存）比較報酬率高出多少。所以，如果在其他條件都不變之下，夏普指數愈高就代表基金操作績效愈好，相對的夏普指數愈低，當然就代表基金操作績效愈差。

更清楚的說，當夏普指數＞0時，表示每一單位的風險所帶來的報酬率優於市場利率，它的數值愈大，就表示報酬率愈佳：當夏普指數＜0時，則表示每一單位的風險所帶來的報酬率不如市場利率。

■ 標準普爾（Micropal）

基金種類繁多，一般投資人會參考「標準普爾」等基金評鑑機構的星號評等作為選擇指標。

標準普爾機構只對成立三年以上的基金作評等，因為該機構認為三年以下的績效，只算是短期的績效記錄，不表示一定能夠持續，所以作評等也沒有什麼代表性。

當然，對投資人而言，這可不一定，因為一支新成立的基金，雖然它不在標準普爾上排名，但不見得就不會是匹黑馬。

如果你看媒體上的Micropal排名，你會發現它是用星號來作排名，五顆星為最高榮譽，屬於排名前10％的基金。所以，某支基金後面有五顆星星，就表示過去三年這一支基金的績效表現，在相對其他基金裡排名前為10％，這算是相當強勢的。

【標準普爾星號排名的意義】

★★★★★	排名前10％的基金
★★★★	排名前11％～30％的基金
★★★	排名前31％～50％的基金
★★	排名前51％～75％的基金
★	排名最後25％的基金

■ 晨星（Morning Star）

　　晨星和標準普爾一樣是對三年以上的基金才做星號評等，但它們有些不同：

1. 晨星對成立超過三年以上的基金以長期績效加權計算。（如表一）

2. 除了考慮基金的報酬，也考慮其風險值，但晨星是針對基金的下檔風險作評估，並考慮到，如果把錢拿去做無風險投資（如買美國國庫券）它的機會成本也一併納入考慮。

3. 晨星的星號評等區間也和標準普爾有些不同。（如表二）

【表一：晨星綜合績效評等比重】

基金成立時間	綜合績效評等比重
成立三年以上，但未滿五年	100%過去三年的績效
成立五年以上，但未滿十年	過去五年佔60%、過去三年佔40%
成立十年以上	過去十年佔50%、過去五年佔30%、過去三年佔20%

【表二：晨星的星號評等的方式】

★★★★★	排名前10%的基金
★★★★	排名前10%～32.5%的基金
★★★	排名前32.5%～67.5%的基金
★★	排名前67.5%～90%的基金
★	排名最後10%的基金

◐ ◐ 基金選擇規則 Rule……3
排行NO.1，不一定Must Buy

前面談排行，或許你會懷疑，買基金有那麼簡單嗎？報告都整理好了，買第一名不就得了嗎？

拿起報章媒體排行榜上前幾排名的基金算一算，你會發現它們的月報酬率、季報酬率常常是幾倍，買它絕對萬無一失！

當然，不會是那麼容易的，一定有什麼沒有考慮進去。再看以下三點，你就更清楚了：

● 基金的評等只是「過去」的表現

不管是哪一種精確的排行評等，都是運用數學方法把過去基金的表現作整理計算，再把它放在同一類型的基金上作排行。所以，它不會是未來投資獲利的保證。

因此，也許你今天進場買的是一支只有兩顆「星星」的基金，一季後它突然衝到五顆星也說不定；相對的，你現在挑一支五顆「星星」的，也許下一季表現節節後退。

● 市場行情決定報酬率，不是排行

每一家公司所推出的基金排行，固然會決定這支基金的績效如何，但是，如果大盤整體表現不佳，即使是一支五顆星的基金，它的績效也只是「賠得沒有那麼嚴重」而已，因為它的比較基礎點是與同類型基金比。

例如，有一年印尼股市表現得特別好，攤開海外基金的報酬率當季排行榜，前幾名都是印尼基金，許多投資人便抱著「一季賺一倍」（因為那一季很多支基金的季報酬都在一倍以上）的希望買進。結果，好景不常，隔一季的印尼股市慘遭滑鐵盧，大盤重挫了三成以上，再怎麼高竿的操盤經理，也只能賠比較少就算厲害了，哪裡談得上賺錢。

● 看排行，選基金的技巧

切記！高處不勝寒、重挫亦不易翻身，排行中段的基金，反而是相對穩定的選擇。

目前國內的海外基金有數百支之譜，所以看看「排排站」的排行榜，雖然不全然是個好的選擇，但也不失為初學者「大

海撈針」的一項指標。根據經驗，許多基金常有這個月排行在前50名，下個月卻墊底最後50名的記錄，因此，如果你是新手，想先小試一下，那麼，排行中間的基金倒是不錯的選擇。

基金 View Point

如果你比較在乎風險，那麼建議可以先比較各類型基金的風險度高低，作為選擇基金的標準。以下是各類基金的風險及報酬關係。

基金各類型基金組合風險示意圖

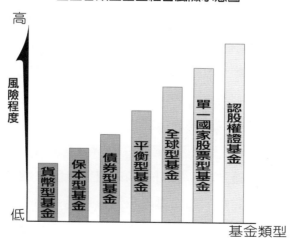

◐ ◑ 基金選擇規則 Rule……4
只要適合你，就是最好的基金

常見投資人相約一起到銀行申購基金，在還沒決定要買哪一檔基金就先吵著，到底是國內的好？還是海外的好？

「國內基金」、「海外基金」到底哪一個比較厲害？

基本上，合你用最好。

如果你買的是海外基金，你一定要把「幣別的匯差」考慮進去。因為，除了這支基金是不是很有潛力之外，計價幣別的不同，會大大的影響你的實際收益。

國外基金雖然是以外幣計價，可是你在買和賣的時候，都是以「台幣進、台幣出」，所以有的國外基金你用外幣算的時候是賺錢的，但換成台幣之後卻是賠錢。因此，要注意該貨幣的走勢強弱，如此才不會因為匯差的因素，影響獲利。

所謂貨幣走勢強弱，指的是該貨幣發行國家處於經濟復甦狀態，貨幣相對強勢；如果處於經濟衰退期，那麼該貨幣也就相對弱勢。

或許你會問：「廢話！我連開戶都不會，怎麼會清楚哪一

國貨幣比較強勢？」

這個問題的答案就是：買了，就有可能會；不買，肯定永遠不會。」

【國內、海外基金差異比較】

	國內基金	海外基金
發行人（老闆）	國內基金公司（投信）	國外的基金公司
註冊地	國內	國外（大多在免稅天堂，像盧森堡、巴哈馬）
哪裡買得到	基金公司、銀行、郵局	1.國外基金公司在台分公司 2.國內的銀行指定用途信託
誰在監管	證期會	受註冊當地法令規範，國內投顧司，是由證期會核准其經營業務。
賣給誰	國內的投資人	全世界的投資人
把錢交給他們他們投資些什麼	1.國內股票 2.國內債券	股票、債券外，票券、期貨、黃金、認股權證、外匯等
他們在哪裡進行投資	國內市場為主，有少數投資國外	全世界都有。
計價貨幣	本國貨幣	買那個國家就用那個國家的幣值。
手續費（買賣）	0.8%～1.5%	2.5%～3.5%
經理費（又稱管理費）	股票型 1.20%～1.75% 債券型 0.25%～0.35%	1.5%～2.0%
要不要課稅	每年基金的配息收入，同銀行錢存利息，計入個人綜合所得稅。每人每年有27萬的免稅額。	不課稅。
賣掉幾天可拿錢	3～7天	14天左右
轉換選擇便利性	少	多
定期定額投資選擇便利性	少	多

◐ ◐ 基金選擇規則 Rule……5

要單筆申購，還是定期定額？

基金的投資有「單筆申購」、「定期定額」兩種方法，該如何選擇呢？首先看看什麼是「單筆申購」，什麼又是「定期定額」？

■ 單筆申購

像買股票一樣，你有多少預算，就一次申購完畢，不過，單筆投資金額需要在10,000元以上才能申購。

一般建議，在行情不好的時候應該要做定期定額投資，但如果行情是一片大好時，則單筆投資會比較划算。

行情不好時，股價較不容易有大行情，但可以靜待反彈，所以定期定額投資較好；反過來，如果股市很好，定期定額投資就會失去好時機。

■ 定期定額

為了吸引像你我這樣的小投資人，投信公司推出了定期定

額的基金投資方案，就是固定在一定的時間投資一定的金額，如一個月3,000元或5,000元以上。

在這裡要了解的是3,000元的小額定期定額投資，只目前有股票型的基金才有提供這樣的投資服務，至於債券型基金則還沒有這樣的投資服務。

1.股票型的小額定期定額

目前，股票型基金的定期定額投資，可以最低月繳3,000元。所以，每個月只要3,000元，就可以做投資，長久下來，可以累積不少單位數的基金。不過大部分的公司會規定「定期定額」的投資人，要投資滿幾個月才可以開始辦理基金贖回。

2.債券型的定期定額

以前沒有「定期定額」的債券型基金的原因是，定存利率比債券型基金好，因此如果真的只是要存錢生利息，那麼把錢放在銀行裡存定存會比較划算。

但是，現在情勢改變了，自從微利時代的來臨，國內銀行定存利率不斷下滑，已經低到只有2%以下，此時此刻，相對比較下債券型基金的利率就高了許多，因此，也就有愈來愈多的投資人將錢放在債券型基金。（目前債券型基金定期定額最小投資單位是一萬元。）

【單筆申購與定期定額綜合比較表】

	定期定額	一次申購
準備多少錢	1.如果買國內基金，每個月最少3,000元。 2.如果買國外基金，每個月最少5,000元。	1.國內基金，最少一次一萬元。 2.國外基金，最少一次五萬元。
危險程度	平均攤提你的買價，貴的時候少買，便宜時多買，風險小，但相對的短期報酬也小。	申購以後，如果基金淨值下跌，就有立即性的損失。反之，如果基金漲了，賣掉就會立刻賺到。
程序	只要辦一次，每個月就會幫你自動從銀行帳戶裡扣款，但如果它連續三個月扣不到錢，通常會自動不扣繳。有點強迫儲蓄的味道。	每一次申購都得自己跑一趟，或是用網路。

■ 只有3,000元，如何投資債券型基金？

投資債券型基金好處真的很多，但他們的門檻也比較高，如果你每個月只有少少的錢，有什麼其他小管道或辦法可行？看看以下例子，問題就可解決了。

範例
說明　小素素是一個個性保守的人，目前每個月有3,000元的存款預算。她想現在銀行活存利率實在太低了，因此她想投資債券型基金應該比較好，但每個月的閒錢又那麼少，該怎麼辦呢？

　　小素素可以找二個志同道合的朋友，告訴他們這個想法，三個人一起湊足每個月10,000元，這樣就可以投資了。

　　算一算，如果有一個債券型基金的年報酬率是4％的話，如果一個月投資3,000元，則三年下來，就會有114,544元喔，也是一個很好的投資。

◐ ◑ 基金選擇規則 Rule……6

要有危機意識，STOP基金投資

　　如果自己所投資的基金發生下列的事情，那就要快快發揮你眼明手快的精明天份，快快處置。

● 危機警報一：基金公司曾經被懲罰

　　財政部會對基金公司做一些規範，這些規範我們可以不用懂，因為證期會自己會去查，一旦查到不法情事，就會要求基金公司公布在公開說明書裡，而且是二年內，只要基金公司有發新基金就一定要公布。

　　因此，只要發現有一個基金公司一直被證管會糾正啦、警告啦，那投資人要小心囉，哪天被它把錢給敗光也說不定。

● 危機警報二：基金公司常換基金經理人

　　基金經理人的操作方式都很不一樣，有些經理人看長線、

有些經理人著重短期績效，因此如果基金常換經理人，那代表基金的投資組合很亂。因此如果是很爛的經理人被換掉之後，那要注意下一個是不是可以起死回生；相反的，如果是因為績效太好而被挖角，那就要看看下一個經理人可不可以維持了。

● 危機警報三：基金周轉率太高

基金周轉率聽起來可能有點難，而且一般人不太注意它，我們可以不知道怎麼算，但「周轉率」意義一定要知道。

周轉率的涵義是──基金進出的頻率。

基金周轉率高，代表基金經理人常常殺進殺出，操作成本高（手續費、交易稅……），也代表經理人愛短線操作，不注重長期效果，風險自然較高，這種狀況要多考慮一下。不過如果基金剛成立，處於建構投資組合階段，是被容許有較高周轉率的。

● 危機警報四：基金報酬率暴起暴跌

一般而言，沒有一支基金是常勝軍，也沒有基金永遠是最

後一名，但是一支好的基金的表現應該是穩定的。

　　如果一支基金二年來都保持在前15%排名，那就算是不錯的，千萬不要因為有一次從第一名掉到第十名就馬上贖回或換基金。要注意的反而是：是不是投資組合重組得太快，還是因為換了經理人等，若非如此，則應該再觀察些時候再做決定。

　　基金公司會固定公布自己的投資組合，有的是每月，有的是每週公布，並郵寄給投資人，所以投資人該多用心看看。

基金 View Point

　　認股權證基金投資標的即為「認股權證」。認股權證是上市公司所發行的一種憑證，如果你買了這種憑證，就有權利在未來某個時間內以特定價格，買入該家上市公司的股票。

　　因為「認股權證」的身價會隨著公司股票價格的起伏而大起大落，報酬率可以數以倍計亦可能賠光，充滿投機性，是一種高風險高報酬的金融商品。這樣高風險的投資，最好不應該在自己的投資組合中佔了太高的比例。

◐ ◑ 基金選擇規則 Rule……7

要掌握贖回、轉換的好時機

大家都說，投資基金要以長期眼光來看，放個數年也沒關係，所以你就不去管它了，這樣是有點不負責的態度哦！因為外在環境隨時都在變化，直接或間接的會影響到基金的表現，你可千萬別忽略了可能的徵兆與趨勢。

如果你的基金已經顯現危機，當然必須快快賣掉。以下幾種狀況，也是需考慮作基金的轉換或贖回。

● 你的基金有點遜哦！老是賺不贏人家

其實，基金真是個大競技場，從媒體上、網路上你可以輕易的查到各種排行，同質性的基金相比較下，如果你的基金老是排名不佳，那你是該考慮要不要換另一支了。

不過，你可不要只觀察一點點時間，就把你的基金經理人三振出局，看長一點，說不定你的基金只是實力尚未展現。當然，若你已一再給它機會，仍然不見長進，只好說bye-bye了。

● **基金「變節」，帶槍投靠一個非你預期的投資標的**

　　某些較弱勢的基金公司，會因為市場行情的轉變，而改變原本基金的組合型態或是投資標的，期望這樣能改善基金的獲利能力。

　　比方說，某支基金它本來是以投資股市為主要標的，但經理人為了因應股市持續不景氣影響，於是，把投資標的改成投資短期票券為最大的比重。如此一來，本來是積極成長型的基金（高報酬率，高風險），現在卻變成穩定收益型的基金（低報酬率，低風險），如果這不是在你的理財規畫裡所期望的高報酬率投資標的物，那麼你可以考慮轉換或贖回。

● **單一市場空頭罩頂，而且已成定局**

　　如果你是投資單一市場基金，而當地的股市因為政治、經濟等客觀因素而受影響，那麼勸你還是快跑為妙。例如1996年東南亞股市連番受挫，而你又剛好是買東南亞股市基金，神仙經理人也難逃空頭大厄運，這時候只有靠自己贖回基金，避免損失了。

● 長大了，需要調整風險承擔度

　　基金的好處是「靈活」，它可以根據你的需求與關心度隨時調整。當你還是個單身的辣妹的時候，你可能會傾向買「認股權證基金」，哇！它超猛的，有時賺上一大票，有時又賠了一屁股。不過沒有關係，反正，你有的是年輕的本錢，而且這筆基金承購預算，可能本來就是你絕對承擔得起的風險的。

　　但是，人總會長大嘛，你的理財需求可能會覺得全球型的基金更適合於你目前的心性。因此，你的「辣妹裝」──認股權證基金就必須贖回，換成大人氣的全球型基金。

hat can mutual funds do for you ?

PART 4

●●●

基金能為你做什麼？

三大功能，不同階段理財需求

其實，我們只不過想存點錢，有點安全感

讓一些小小的夢想、心願，能實現就好了

如果我們一直在花些沒有意義的小錢

那麼有意義的大錢，往往就花不起了

所以，把基金定義為小錢儲蓄的地方

有一天，就會有大錢

◐ ◑ 基金功能 Function……1
無痛苦敗家理財法

請問你投資基金目的何在？

「存錢？」

不對！

「想遊學？」

不對！

「就是這個目的了，沒有其他！」

你可能會這樣反駁。

不管你選擇什麼理財工具，目的是很重要的，而且要愈清楚愈好，最好連自己的財務風險（如，失業、減薪）都評估進去，如此，就更容易達成目標。

所以上面的例子，你可以換成這麼說：「我希望一年後去澳洲遊學15天，估算學費要7萬元、雜支生活費5萬，還有二個月的謀職預備金4萬元，而我目前每月能存12,000元。」

能具體評估出什麼是你的目的與花費，存起錢來效果絕對會不一樣。

它至少有以下幾種好處：

1. 長期目的與短期目的所選用的理財工具會有很大的不同。
2. 有具體目的，較不易半途而廢。想到完成時的「大快樂」，即使現在少一件好看的牛仔褲，也不會太難受。
3. 從小處、小夢想開始規畫（享受）起，大夢想將離你不遠。

　　為什麼本書一再的強調，基金也許不能令你快速致富，但卻是個很好的理財工具？因為它的小額存款、長期複利的特性，讓人很容易就上手，而且，很適合完成人生各階段的目標。

■ 完成短、中期目標的基金選擇

　　如果是1～3年可內達成的短期目標，建議你選擇過去操作績效穩健的基金單筆申購。例如，你想在二年內存10萬元去法國，那你可以找個過去投資績效穩定且風險較小的基金投資。

　　假設你每個月只能存3,000元，不妨給自己一個目標，存了一季後，就去申購單筆基金，而且在啓程到法國之前，基金只買不賣，如此一檔一檔的基金存下來，目標很快就能達成了。

　　想要達成一年出國一次、一年內買機車……等短期目標，方法都是一樣的。

■ 完成長期目標的基金選擇

如果是長期的投資目標，那麼定期定額投資是比較好的選擇，而且可選擇風險較高的基金，利用我們的時間和耐力當本錢，就可以輕鬆完成夢想。

例如，我們想存自己的老本，一個月小小的投資3,000元就很強了。

來看看以下幾個數字讓人振奮一下：

1. 如果一個月投資3,000元，如果基金年報酬率有12％，那20年下來有多少錢呢？

   ——＞2,967,000

2. 如果報酬率不如預期，只有8％，那20年後有多少錢呢？

   ——＞1,767,000

3. 如果更慘，只有6％，那20年後有多少錢呢？

   ——＞1,386,000

再慘的話呢？那我們就不用擔心了，因為如果基金績效很爛，那要擔心的不是我們，而是基金經理人了。

◐ ◑ 基金功能 Function……2
小錢靈用成大錢

有錢就花或是一直在繳信用卡利息，卻想有雄厚資金過「悠閒敗家」的生活，很難！小錢零用最怕的就是零花，左進右出的，就什麼也沒有了。如果能夠養成好習慣，有規畫的理財，你也能享有超級好的品味與風格，絕不會看到東西卻只能望口袋興嘆！

基金門檻不高，從死薪水、沒用完的零用、打工的外快，通通把它丟進去，小錢就是這樣神奇的活了起來。

很多人以為投資定期定額的基金，如果要贖回就要一次贖回。錯了！錯了！基金不是這麼笨的工具。如果有一天，你想要提個十萬元來花花，那就只贖回十萬元就可以，其他剩下的錢還是繼續留在那裡賺錢喔！也就是你投資的定期定額協議還是有效的，每個月基金公司還會繼續依約從你銀行戶頭扣款。

而且啊，如果哪一天我們升官了，月薪變多了，還可以驕傲地告訴基金公司說，我要提高每月投資金額，這個時候服務小姐還會對你報以燦爛的微笑，因為他們的基金也變大了。

◐ ◑ 基金功能 Function……3

利用基金，躲開無目標的敗家陷阱

你有多少錢，就投資什麼基金。

一、算出每個月的閒錢有多少？

簡單的算法是：

「閒錢」基本計算方式

「閒錢」＝月固定收入－月固定、變動開支

－生活費－特別支出費

如果你想快快把它搞懂，看看Julia的例子就很清楚了：

【Julia月收支簡表】

月收入	35,000
每個月必繳的固定費用：房租、保險費、大樓管理費、報費	18,000
預估每月生活必繳的不固定開銷：電話費、水、電等。	3,000
預估每月的生活費：吃飯、交通、交際、買衣服等。	8,000
特別支出：同學結婚、同事小孩滿月之類的。	1,500

　　Julia的每個月閒錢可以這麼算：

　　35,000-18,000-3,000-8,000-1,500=4,500 元

二、閒錢不同，採取不同的投資組合

　　依據個人每月的閒錢多寡，可以採取不同的投資組合：

● 3,000～8,000元

1. 先以定期定額方式，等到半年或一年後，重新檢討投資方式，在精算過手續費、經理費、投資報酬率後，再考慮是不是要把定期定額改成單筆投資與定期定額混合。更重要的是，在經過半年以上的學習觀察並實際操作後，功力必然大增。

2. 如果你的錢夠買兩支基金，不妨買同一基金公司所發行但不同類型的基金，例如，你買了同為「大發投顧」的「賺遍全球基金」與「高成長日本基金」，這樣就有風險分散的作用了。

● 8,000～15,000元

1. 以定期定額買5,000元的股票基金（風險大），剩下的錢則採保守的投資如上。

2. 如果你覺得單筆投資賺起來比較開心，那麼你得注意，承受
   風險時，你會耐著性子等她漲上來嗎？單筆投資就像股票一
   樣，最怕「追高殺低」，所以最好有長期投資的準備，會比
   較好。如果讓你「矇」到大盤指數都向上揚的時候，買股票
   基金有專業經理人操作，報酬往往比自己沒時間照顧亂買股
   票好。

● 15,000元以上

1. 如果你還年輕，把2/3每月的錢拿來買股票型基金，不失為積
   極而理性的理財方式，其餘1/3就做債券基金投資，兼顧成長
   與收益。

2. 如果你的心態傾向保守，把2/3的錢拿來買債券型，1/3拿來
   買股票型基金，報酬也很迷人，至少，長期來算，光債券型
   基金就高過定存了。

3. 如果你真的真的粉保守，那麼可以把2/3的錢拿來買貨幣型基
   金，1/3拿來買債券型基金或是組合型基金。

Start your investment !

PART 5

● ● ●

開始你的基金投資行動

三大管道，輕鬆買到適合的基金

讀到這裡的時候，就下一個心念——

我、要、開、始、存、錢

買基金是一個好方式

因為它的門檻真的很低，而且超容易

◑ ◐ 申購管道 channel……1

親自出馬申購基金

　　如果你已經選好要買哪一支基金，做好投資準備，接下來就是實際行動──購買基金了。

　　你可以親自到基金公司或代銷機構（銀行、券商），程序很簡單，只要記得攜帶以下東西就可以了：

1.印章（印鑑），這很重要，要買要賣都要用到這顆印章。

2.身分證。

3.當然還有要申購的錢了。

　　到了基金公司，服務人員會請你填表格，很簡單就完成手續。如果是去代銷機構（銀行、券商），服務人員也會指導你完成手續。有問題時要盡量發問，別讓你的權益睡著了！

■　基金公司和代銷機構有何不同

　　你可能搞不清楚究竟直接去基金公司申購好，還是到代銷機構去比較好？除了手續費上的考量，當以你方不方便為主。

不過，建議第一次申購的人可以直接到基金公司去，因為他們比較清楚基金的狀況，有任何問題都可以提問。當然，這也不是絕對的。

【到基金公司和代銷機構買基金的差異表】

	基金公司	代銷機構（銀行、券商）
方便性	服務據點少，較不方便	較方便，可減少交通成本
選擇性	能選擇的基金標的較少	代銷不同基金公司所發行國內、外基金，種類多，選擇多。
服務內容	專業研究資產管理，基金的說明與市場分析較深入	在基金及市場資訊解析上較不豐富。
交易後的憑證	受益憑證，但現在採無實體交易，故僅提供交易確認書。	指定用途信託憑證，定期寄對帳單。
交易手續費用	申購手續費率約1.5%～2% 轉換手續費約0.5%	除申購及轉換手續費外，贖回時銀行還會收取信託保管費。

基金 View Point

你一定會問，除了親自抱錢之外，應該還有其他更簡單的方式才對，否則身上有太多的現金不太安全吧！沒錯，你可以把錢從銀行帳戶中扣掉，也可以用信用卡直接到ATM轉帳即可。只要在申請書上指定好扣款銀行或ATM轉帳就可以了，粉簡單吧！此外，也可使用支票或電匯方式。

◐ ◐ 申購管道 channel……2
利用匯款方式

　　如果實在是太忙了，還可以利用匯款的方式，不過這個會有一點點小麻煩。大部分的公司匯款方式如下：

1. 每個基金都有一個帳號，要先查到想要購買的基金帳號，然後把錢匯進去。查帳號最快的方法是打電話到基金公司去問。不知道基金公司的電話還可以打104去問。

2. 匯款會有收據，要將收據還有申購書傳真到基金公司去。申購書可以到附近的代銷機構去拿來填（一般基金大都會委託銀行助其銷售），不過如果找不到代銷機構，可以打電話到基金公司，請他們傳真過來。

3. 錢匯出去了，申請單也傳真過去了，記得一定要打電話去確認。

4. 接著，要在申購當天，將申請書、印鑑卡、身分證影印本還有匯款收據影印本寄到基金公司

5. 最後就是基金公司的事了，公司會把受益憑證寄給你。證明你真正買到基金。

◐ ◑ 購置管道 channel……3
利用網路、語音交易

像股票一樣，基金也可以透過網路買賣，大部分的基金公司為了鼓勵大家上網買賣，大都有手續費打折的活動！

有的基金公司甚至提供客戶生日特別優惠，只要在你生日那個月份第一次申購，手續費就有特別優惠，甚至完全不收手續費哦！

話說基金公司之所以會鼓勵投資人隨時隨地上網，隨時隨地投資，一來除了可以增加基金公司的業績外，網路櫃台不需要「專人」服務，如此更可節省人事成本，當然網路交易的手續費就比較便宜了。

如果你不想上網交易還有一個很方便的方式，就是利用電話語音交易，當你第一次辦理開戶時，只要告訴基金公司或代銷機構想同時申請電話語音交易即可，他們會讓你填寫相關資料，取得交易密碼後，你就可以利用家裡的電話輕鬆完成語音交易了。

上網買基金也是很簡單的，我們可以這樣做：

● 通訊申請

　　如果不方便到代銷機構或基金公司申請網路下單，你可上網到基金公司本身的網站申請開戶，只要按照網頁上的辦理流程提示，填寫所有表格資料，一樣輕鬆完成預約開戶動作。

　　預約開戶動作完成後，你可以直接將相關資料列印出來，寄到基金公司去。基金公司會將實際開戶的相關文件寄給你，你只要填妥相關資料、蓋章，之後寄回基金公司，大約需要3～14個工作天，開戶成功時就可收到基金公司E-mail寄發通知，mail裡面會告訴你網路交易的密碼，你就可以上網買基金了。

● 親自到基金公司申請

step 1 帶著印章和身分證，當然還有錢，到基金公司或代銷機構去拿申購書。

step 2 填寫「網路買賣轉帳付款授權書」之類的表格（每一家名稱不一樣），因為上網買賣除了一般的申購書之外，還要填寫上網買賣的契約書。

step 3 要有銀行的戶頭。這裡指的是什麼「銀行戶頭」呢？答案是：跟基金公司有合作的網路扣款銀行戶頭。因為上網買賣時沒辦法「親自付錢」，所以要透過銀行轉帳，該轉帳的銀行必須和基金公司有合作。

step 4 開戶成功後，基金公司會給你一組「使用者名稱」和「密碼」。

step 5 接下來你就可以開始上網買賣基金囉！

基金 View Point

為什麼到基金公司申請網路交易需要3-14天呢？差別就在於你是否使用銀行帳戶扣款。因為使用銀行扣款時，基金公司還要將你的資料送到銀行審核，這時候就需要看銀行審核時間長短了，有時候幾天就好，有時候可能需要一、二個星期了。

如果你選擇自行到ATM轉帳扣款，或電匯，就不必經過銀行這一關了，所以大約只要2-3天時間就可以收到網路交易的密碼了。

● 網路基金買賣實例

　　每家基金公司的網路交易流程不盡相同，但大同小異，只要有過一次線上交易經驗，你就會認為網路交易實在是方便。

step 1 　首先連上基金公司網站，首頁上通常有會員登入的提示框，有的則是直接點選「基金交易」或「網上申購」或「線上交易」之類選項。鍵入基金公司給你的使用者帳號user name和密碼password。

登入會員帳號密碼之後，就會出現和你打招呼的畫面，畫面上有帳戶管理及自設個人化網頁，是基金公司針對會員的服務。等你買基金後，就可以隨時點選「帳戶管理」的選項，查詢基金淨值等相關資料。

　　當然第一次買基金，在這個畫面上就直接點選「投信基金交易」即可。

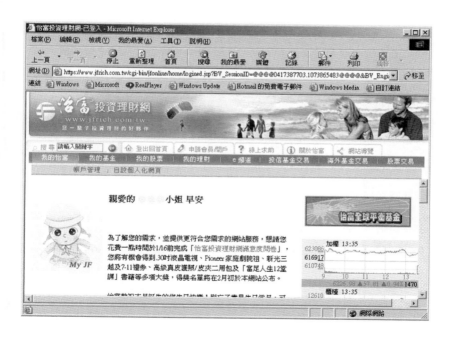

step 3 基金公司會在你下單前提醒你買基金的相關注意事項，尤其是攸關投資者權益的部分，記得一定要看清楚哦！

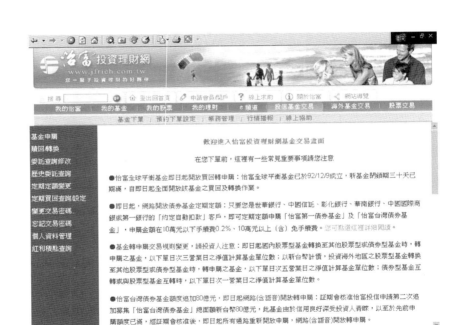

歡迎進入怡富投資理財網基金交易畫面

在您下單前，這裡有一些常見重要事項請您注意

● 怡富全球平衡基金即日起開放買回申購：怡富全球平衡基金已於92/12/9成立，新基金閉鎖期三十天已期滿，自即日起全面開放該基金之買回及轉換作業。

● 即日起，網路開放債券基金定期定額：只要您是世華銀行、中國信託、彰化銀行、華南銀行、中國國際商銀或第一銀行的「約定自動扣款」客戶，即可定期定額申購「怡富第一債券基金」及「怡富台灣債券基金」，申購金額在10萬元以下手續費0.2%、10萬元以上（含）免手續費。您可點選這裡詳細閱讀。

● 基金轉申購交易規則變更，請投資人注意：即日起國內股票型基金轉換至其他股票型或債券型基金時，轉申購之基金，以下單日次三營業日之淨值計算基金單位數；以新台幣計價，投資海外地區之股票型基金轉換至其他股票型或債券型基金時，轉申購之基金，以下單日次五營業日之淨值計算基金單位數；債券型基金互轉或與股票型基金互轉時，以下單日次一營業日之淨值計算基金單位數。

● 怡富台灣債券基金額度追加80億元，即日起網路(含語音)開放轉申購：證期會核准怡富投信申請第二次追加募集「怡富台灣債券基金」總面額新台幣80億元，此基金由於信用良好深受投資人青睞，以至於先前申購額度已滿，經証期會核准後，即日起所有通路重新開放申購，網路(含語音)開放轉申購。

step **4** 再點選「基金交易」，為了保障你的交易安全，基金公司都會請你在第一次交易時變更密碼，這樣一來就只有你知道密碼而已。

更改的密碼要自己容易記得，但別人很難記的密碼；如果怕忘記，可以記在本子裡，好好保藏。

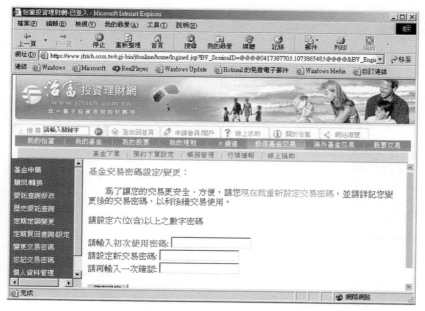

更改後點確認鍵即可。

step 5 點選密碼變更確認後，接下來畫面會告訴你交易密碼設定是否成功，如果沒有成功，需要再來一遍。

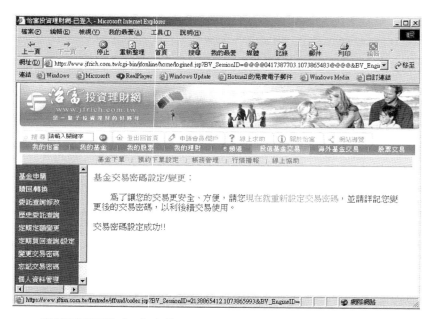

　　確認密碼設定成功後，即可點選「基金申購」選項，開始買基金了。

step 6 點選「基金申購」後，就會出現以下畫面，你要看看客戶的名稱是不是你本人。確定後，選擇你要買的基金名稱，單筆或定期定額申購，還有金額。如果不了解狀況，可以點選「基金申購注意事項」，裡面會有相關說明。

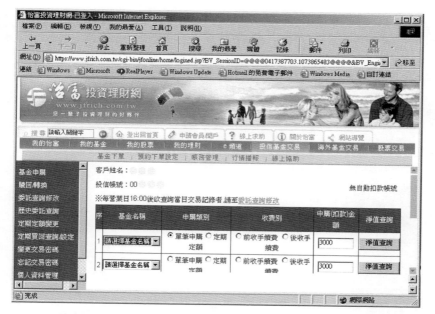

手續費是要申購時、還是贖回後繳交呢？你可以查閱網頁上的相關說明，選擇最有利的方案。填妥後點選「送出」鍵。

step
⑦
這時畫面會出現你剛剛選擇的交易項目，讓你確認是否
正確無誤。如果沒有問題，會請你再輸入一次交易密碼
，點選「確定送出」，如果你臨時不想交易或想更改資料，則
點選「取消下單」即可。

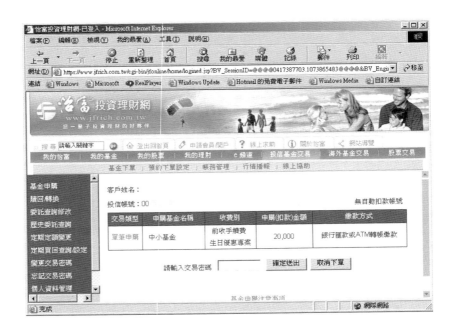

step
8

如果你選擇「確定送出」，那麼接下來就會出現交易委

託明細，表示基金公司已經收到這筆委託交易了。

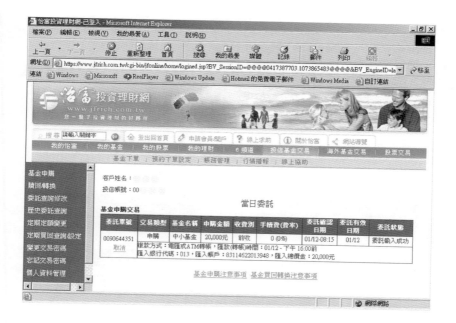

step
9 為了要再次確認委託交易是否成功，會請你再點選查詢
委託看看，畫面上會秀出「當日委託」明細，這就表示
買基金的交易完成了。

幾天以後，你就會接到基金公司e-mail來的基金交易確認
書了。

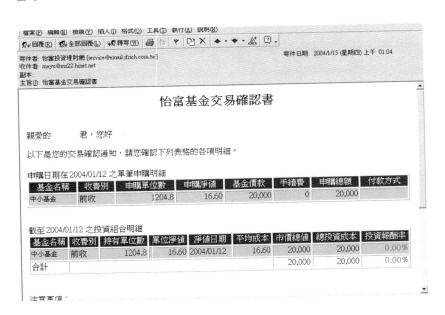

The guide of purchasing
mutual funds.

PART 6

●●●

基金教戰手冊

六大觀念，讓你成為基金理財高手

理財，只會讓人愈理愈精明，而且，會上癮

因為，看錢一天天長大，好有快感

記得，別當錢的奴隸，更不能沉迷於金錢遊戲

但當你振振有詞的說：我不會沉迷金錢遊戲時

得先知道，這個遊戲是怎麼玩的

◐ ◑ 基金教戰守則 Conception……1
如果你夠勤快，就會賺快一點

　　很多人都覺得基金是懶人投資法，只要支付一點手續費，就有基金經理人負起投資的責任。沒錯，因為我們實在沒有時間去管哪家公司到底賺不賺錢，所以我們才會選擇投資基金。

　　但是，一旦買了之後也不能完全放著不管，因為如果自己的錢自己一點都不關心，那別人會有多關心呢？

　　當然也不是要你每天神經兮兮的看是漲了還是跌了，不過最好要稍微做個功課，只是一點點功課，那就是至少隔半個月或一個月就要關心一下自己的基金到底是賺錢了沒有。

　　當然，如果你夠勤快認真，最好也關心一下相關財經消息，適時做出最好的買賣選擇。

基金 View Point

　　不管怎麼樣，錢是自己的，只有自己最關心，如果連自己都不關心了，誰關心呢？這就像如果你連自己都不愛自己了，那麼還有誰會來愛你呢？

◐ ◐ 基金教戰守則 Conception……2
風險愈高，愈要長期抗戰

原則上，對於股票型基金這種風險性較高的商品，我們鼓勵小額投資人定期定額投資，因為定時定額一個月只要3,000元，每個人都投資得起。但別認為它是一種「強迫儲蓄」，事實上它是一種「強迫投資」。

讀者請留心囉！假如你每月都買進基金，基金數愈來愈多，感覺自己的財產愈來愈多。但是，基金數愈來愈多並不表示一定愈來愈有錢？有可能愈攤愈貧！看看以下例子就懂了。

範例說明 扣掉花費後，小竹決定每月定額投資3,000元購買基金，半年來每月的基金淨值變化如下表：

投資日期	金額	淨值	單位數
6/9	3,000	10.00	300.00
7/9	3,000	12.00	250.00
8/9	3,000	12.50	240.00
9/9	3,000	11.80	254.24
10/9	3,000	10.90	275.23
11/9	3,000	9.06	331.13
12/9	3,000	6.60	454.55
總投資成本	21,000		2105.15

由表中可知到了12月9日，小竹的每單位平均成本為9.96，雖然說成本比6月9日的時候低，但卻代表手上2,105.15個單位的基金，全部處於賠錢狀態中。

從小竹的例子，要牢記定時定額買基金只有「強迫投資」的效果，絕對沒有「強迫儲蓄」的效果。雖然說定時定額可以在股市不好的時候將成本攤平，在股市一好時，馬上因為持有的單位數多而大幅獲利，但是也有可能因為單位數愈來愈多，但淨值卻愈來愈少而愈攤愈「貧」，切記！切記！

因此，就算你投資的是可以分散掉投資風險的定期定額型基金，也要看清楚什麼時候贖回最有利。當你的基金單位愈多時，影響就愈大。一般來說，風險愈高的基金，愈要有長期抗戰的決心，才不至於愈攤愈貧。

◐ ◑ 基金教戰守則 Conception……3
要設停利停損點

現在要說一個很專業，但是很簡單的想法，就是要設「停利點」。

也許「停損點」大家都聽說過，舉例來說，你以5,000元買一張A股票，當A股票跌到4,500元時就要認賠殺出，此時的停損點是10%，計算方法如下：

$$5,000 - (5,000 \times 10\%) = 4,500 \text{ 元}$$

停損點的觀念愈來愈可以接受，因為大家抱著「我最大的損失就是這些錢了」，但是關於「停利點」，就是比較無法做到，因為沒有一個人覺得「我賺這樣就夠了。」

「停利點」的觀念是：不管任何投資，賺到想賺的，就實現獲利。

現在以上述小竹的例子來說，如果小竹一開始的時候自己設了停利點維20%，那麼事實上，小竹應該在7月9日的時候把基金贖回，因為基金已經漲了20%，達到停利點了，而不是等到12月9日之後，發現自己一個單位虧了0.04元。

$$10 \times （1 + 20\%） = 12$$

　　這只是個概念，真要做到當然沒有那麼神。因為「千金難買早知道」，所以，如果你想大力的管理你的基金資產，可得多方增加財務智商，和理財EQ，才能把行情捉得更準。

　　當然，真的沒閒、也沒興趣，那就只好全權交給經理人和上帝了。

基金 View Point

　　如果你不知道該如何設停利、停損點，或在什麼狀況下是合理的，你可以依照下列建議的思考模式設定：

　　1.個人風險承受度──和年齡成反比。

　　2.基金類型──可是其波動性大小設定。如股票型基金波動性大，停利、停損點可稍微放寬一點，波動性低的則須嚴設停利、停損點。

◐ ◑ 基金教戰守則 Conception……4
一點一點的累積，獲利可觀

蘭蘭的基金從一單位9.5元漲到9.88元，一單位只賺了0.38元，要賣掉實在覺得賺得有點少，但又不知道以後會漲會跌？

其實就蘭蘭的例子來看，一單位賺0.38元，也就是漲4%乍看之下似乎有點少。但是，換個角度想，如果一次可以漲4%，那5次就會有20%，10次就會有40%了，相當於5個漲停板了。

每一次漲4%，漲10次跟一次漲40%，道理相似，但執行上卻比較容易達到，感覺就像堆積木一樣，堆一個是一個，愈堆愈高。

投資基金是很靈活的理財工具，不一定要有了不得的大好行情才會致富，一波段一波段的累積，一樣獲利可觀。

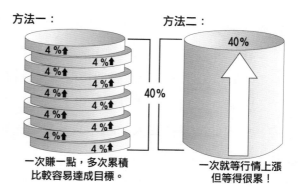

方法一：

一次賺一點，多次累積
比較容易達成目標。

方法二：

一次就等行情上漲
但等得很累！

◑ ◑ 基金教戰守則 Conception⋯⋯5
債券型基金不是沒有風險

　　債券型基金的優點真的「粉」多，不過並非沒有風險，這一點一定要記住。雖然債券型基金的收益穩定，不過有一個很大的風險來自於「債券型基金買的公司債」。

　　如果有一天所買的公司債變成地雷債（就是所投資的公司發生危險，還不了公司債的錢），那就危險了，因為這會直接傷害到投資人的本金。

　　所以，當聰明的你要買債券型基金的時候，可以跟基金公司索取基金持有公司債的明細，如果看到其所購買的公司債品質實在是不太安心，那就考慮換別家囉！

　　在過去看來，雖然有著上述的風險存在，但債券型基金幾乎是沒有風險的，為什麼看似有可是又沒有呢？

　　因為一旦有公司債倒了，基金公司會為了保全自己和基金的名譽，並維護投資人的血汗錢，會自己買回去，所以這時債券型基金的風險幾等於0。

　　假設「追長投信公司」有一支債券型基金叫「保安」，保

安基金所買的公司債有甲和乙公司2種，甲公司債有5000萬，乙公債有三億，因為甲公司營運不佳而倒了，所以保安基金將拿不到錢。

這個時候，追長基金公司就會用5,000萬買下甲公司債，這個時候保安基金沒有虧損，真正虧損的是追長公司，公司可能把一季賺的經理費就這樣賠掉了，在追長公司的犧牲之下，總算保住了投資人的錢。

不過這是過去的例子，以後會不會再這樣就很難說囉，所以我們還是要注意一下。

基金 View Point

再一次強調，有投資行為就一定會有風險，沒有人可以保證投資100％就會賺錢，因為誰也不知道哪天有什麼事情發生，正好影響到你投資的債券基金。

◐ ◑ 基金教戰守則 Conception……6

以市場潛力為準，非長跑數十年

　　定期定額一再被強調「長期投資的複利效果」，可是，這裡有個觀念一定要釐清，我們並不建議你在買了某基金後，就這樣一路長抱3、40年，在這期間，你還是需要根據你的觀察與經驗，做適當的資金調配。

　　或許你會問：買基金就是因為不懂理財，怎麼回過頭來還得學那麼多東西？

　　也許這是你生平為自己理財的第一次，我們只能說，任何一種投資工具，聽再多、看再多都不如親自下場買一次。

　　以下的資訊，如果你覺得「有看沒有懂」，那麼就留待你買下第一支基金後，再慢慢「思考」吧！

● 以市場潛力為前提

　　不管購買哪一個標的，應該以「市場潛力」為前提，市場潛力變了，你的投資組合最好也跟著變。

　　如果你現在看好國內的前景，那麼你就買國內基金。但是，經過一段時間後，也許你從各種客觀數字觀察，歐洲會是下一個經濟重點區域，預期其爆發力十足，那麼，就把你的投資組合調整一下吧！

　　依此類推，你投資基金的耐性依舊、複利效果依舊，但理性而合理的追逐高報酬率，才是最智慧的作法。

● 如何轉換基金

　　如果你看好某一支基金的前景，但是你早已經買了其他支基金，怎麼辦呢？你的作法可以有以下兩種：

1. 如果你目前投資定期定額的國際基金，每月扣新台幣5,000元，目前累積投入資金已經到了12萬元，但是你想換成新興市場基金，那麼你可以把整筆12萬元贖回，一次轉入績效比較好的新興市場基金做單筆投資，另外再辦理與國際基金一樣的每個月5,000元的定期定額。

2. 你也可以在新興市場基金辦每月扣繳3萬元的投資金額，4個月以後，再去銀行把投資金額改成你負擔得起的5,000元，繼續扣款。如此一來，就不會因為轉換基金標的而終止了定期

定額的複利效果了。

【觀察分析】

就算是行家，能在數百支基金中挑出強飆基金，說實在的，它的難度可不下於買股票。

如果夠認真的話，除了看看排行榜，也可以學著自己作分析，每天翻報紙，把重點基金淨值作記錄比較，觀察那一支基金在大盤漲時，它的表現比大盤強，大盤跌的時候基金淨值相對的跌幅比較小，那大約就是一支不壞的基金了。

附錄

●●●

◑ ◑ 附錄一

精明理財，必學絕招

一、零存整付（月）複利終值表

　　每個月定期存入一定的金額，經「月複利」不斷地利滾利，一定時間後可以拿回多少錢，可以查這個表。

步驟一：決定存款的期數（月）。

步驟二：找到報酬率（指年報酬率）。

步驟三：前兩個數值交會處會有一排數字，它就是「終值」。

步驟四：每月投資的金額×終值＝到期獲利的總額

二、年金複利終值表

　　每年固定存入多少錢，經「年複利」不斷地利滾利，幾年後總共可擁有多少，可以查這個表。

步驟一：決定存款的期數（年）。

步驟二：找到報酬率（指年報酬率）。

步驟三：前兩個數值交會處會有一排數字，它就是「終值」。

步驟四：每期投資的金額×終值＝末來獲利的總額

三、複利終值表

　　金錢經過一段時間的運用（非一直持續投入，不同於「年金複利終值表」），最後有多少錢，要查「複利終值表」。

步驟一：決定這筆錢運用的期數（年）。

步驟二：找到報酬率（指年報酬率）。

步驟三：前兩個數值交會處會有一排數字，它就是「終值」。

步驟四：目前的金額×終值＝經過複利運算後的總額

〔範例〕查表……零存整付（月）複利終值表

● 步驟一：決定期數。

● 步驟二：找到報酬率。

● 步驟三：前兩個數值的交會處會有一排數字，它就是「終值」。

步驟四：每月投資的金額×終值＝到期獲利的總額

零存整付〔月〕複利終值表………1%～5%

利率 月-期數	1%	2%	3%	4%	5%
1	1.0000	1.0000	1.0000	1.0000	1.0000
2	2.0008	2.0017	2.0025	2.0033	2.0042
3	3.0025	3.0050	3.0075	3.0100	3.0125
4	4.0050	4.0100	4.0150	4.0200	4.0251
5	5.0083	5.0167	5.0251	5.0334	5.0418
6	6.0125	6.0251	6.0376	6.0502	6.0628
7	7.0175	7.0351	7.0527	7.0704	7.0881
8	8.0234	8.0468	8.0704	8.0940	8.1176
9	9.0301	9.0602	9.0905	9.1209	9.1515
10	10.0376	10.0753	10.1133	10.1513	10.1896
11	11.0459	11.0921	11.1385	11.1852	11.2321
12	12.0552	12.1106	12.1664	12.2225	12.2789
13	13.0652	13.1308	13.1968	13.2632	13.3300
14	14.0761	14.1527	14.2298	14.3074	14.3856
15	15.0878	15.1763	15.2654	15.3551	15.4455
16	16.1004	16.2016	16.3035	16.4063	16.5099
17	17.1138	17.2286	17.3443	17.4610	17.5786
18	18.1281	18.2573	18.3876	18.5192	18.6519
19	19.1432	19.2877	19.4336	19.5809	19.7296
20	20.1591	20.3199	20.4822	20.6462	20.8118
21	21.1759	21.3537	21.5334	21.7150	21.8985
22	22.1936	22.3893	22.5872	22.7874	22.9898
23	23.2121	23.4266	23.6437	23.8633	24.0856
24	24.2314	24.4657	24.7028	24.9429	25.1859
25	25.2516	25.5064	25.7646	26.0260	26.2909
26	26.2726	26.5490	26.8290	27.1128	27.4004

◐ ◐ 附錄二

終值表索引

1.零存整付（月）複利終值表

零存整付（月）複利終值表──年利率01％～05％（第001～060期）

月-期數 \ 年利率	1%	2%	3%	4%	5%
1	1.0000	1.0000	1.0000	1.0000	1.0000
2	2.0008	2.0017	2.0025	2.0033	2.0042
3	3.0025	3.0050	3.0075	3.0100	3.0125
4	4.0050	4.0100	4.0150	4.0200	4.0251
5	5.0083	5.0167	5.0251	5.0334	5.0418
6	6.0125	6.0251	6.0376	6.0502	6.0628
7	7.0175	7.0351	7.0527	7.0704	7.0881
8	8.0234	8.0468	8.0704	8.0940	8.1176
9	9.0301	9.0602	9.0905	9.1209	9.1515
10	10.0376	10.0753	10.1133	10.1513	10.1896
11	11.0459	11.0921	11.1385	11.1852	11.2321
12	12.0552	12.1106	12.1664	12.2225	12.2789
13	13.0652	13.1308	13.1968	13.2632	13.3300
14	14.0761	14.1527	14.2298	14.3074	14.3856
15	15.0878	15.1763	15.2654	15.3551	15.4455
16	16.1004	16.2016	16.3035	16.4063	16.5099
17	17.1138	17.2286	17.3443	17.4610	17.5786
18	18.1281	18.2573	18.3876	18.5192	18.6519
19	19.1432	19.2877	19.4336	19.5809	19.7296
20	20.1591	20.3199	20.4822	20.6462	20.8118
21	21.1759	21.3537	21.5334	21.7150	21.8985
22	22.1936	22.3893	22.5872	22.7874	22.9898
23	23.2121	23.4266	23.6437	23.8633	24.0856
24	24.2314	24.4657	24.7028	24.9429	25.1859
25	25.2516	25.5064	25.7646	26.0260	26.2909
26	26.2726	26.5490	26.8290	27.1128	27.4004
27	27.2945	27.5932	27.8961	28.2032	28.5146
28	28.3173	28.6392	28.9658	29.2972	29.6334
29	29.3409	29.6869	30.0382	30.3948	30.7569
30	30.3653	30.7364	31.1133	31.4961	31.8850
31	31.3906	31.7876	32.1911	32.6011	33.0179
32	32.4168	32.8406	33.2716	33.7098	34.1554
33	33.4438	33.8953	34.3547	34.8222	35.2978
34	34.4717	34.9518	35.4406	35.9382	36.4448
35	35.5004	36.0101	36.5292	37.0580	37.5967
36	36.5300	37.0701	37.6206	38.1816	38.7533
37	37.5604	38.1319	38.7146	39.3088	39.9148
38	38.5917	39.1954	39.8114	40.4399	41.0811
39	39.6239	40.2608	40.9109	41.5747	42.2523
40	40.6569	41.3279	42.0132	42.7132	43.4283
41	41.6908	42.3968	43.1182	43.8556	44.6093
42	42.7255	43.4674	44.2260	45.0018	45.7952
43	43.7611	44.5399	45.3366	46.1518	46.9860
44	44.7976	45.6141	46.4499	47.3057	48.1818
45	45.8349	46.6901	47.5661	48.4633	49.3825
46	46.8731	47.7679	48.6850	49.6249	50.5883
47	47.9122	48.8475	49.8067	50.7903	51.7991
48	48.9521	49.9290	50.9312	51.9596	53.0149
49	49.9929	51.0122	52.0585	53.1328	54.2358
50	51.0346	52.0972	53.1887	54.3099	55.4618
51	52.0771	53.1840	54.3217	55.4909	56.6929
52	53.1205	54.2727	55.4575	56.6759	57.9291
53	54.1648	55.3631	56.5961	57.8648	59.1704
54	55.2099	56.4554	57.7376	59.0577	60.4170
55	56.2559	57.5495	58.8819	60.2546	61.6687
56	57.3028	58.6454	60.0291	61.4554	62.9257
57	58.3506	59.7431	61.1792	62.6603	64.1879
58	59.3992	60.8427	62.3322	63.8691	65.4553
59	60.4487	61.9441	63.4880	65.0820	66.7280
60	61.4990	63.0474	64.6467	66.2990	68.0061

零存整付（月）複利終值表　　年利率01%～05%（第061～120期）

月-期數	1%	2%	3%	4%	5%
61	62.5503	64.1524	65.8083	67.5200	69.2894
62	63.6024	65.2594	66.9729	68.7450	70.5781
63	64.6554	66.3681	68.1403	69.9742	71.8722
64	65.7093	67.4787	69.3106	71.2074	73.1717
65	66.7641	68.5912	70.4839	72.4448	74.4766
66	67.8197	69.7055	71.6601	73.6863	75.7869
67	68.8762	70.8217	72.8393	74.9319	77.1027
68	69.9336	71.9397	74.0214	76.1817	78.4239
69	70.9919	73.0596	75.2064	77.4356	79.7507
70	72.0511	74.1814	76.3944	78.6937	81.0830
71	73.1111	75.3050	77.5854	79.9560	82.4208
72	74.1720	76.4305	78.7794	81.2226	83.7643
73	75.2338	77.5579	79.9763	82.4933	85.1133
74	76.2965	78.6872	81.1763	83.7683	86.4679
75	77.3601	79.8183	82.3792	85.0475	87.8282
76	78.4246	80.9514	83.5852	86.3310	89.1941
77	79.4899	82.0863	84.7941	87.6188	90.5658
78	80.5562	83.2231	86.0061	88.9108	91.9431
79	81.6233	84.3618	87.2211	90.2072	93.3262
80	82.6913	85.5024	88.4392	91.5079	94.7151
81	83.7602	86.6449	89.6603	92.8129	96.1098
82	84.8300	87.7893	90.8844	94.1223	97.5102
83	85.9007	88.9356	92.1116	95.4360	98.9165
84	86.9723	90.0839	93.3419	96.7542	100.3287
85	88.0448	91.2340	94.5753	98.0767	101.7467
86	89.1181	92.3861	95.8117	99.4036	103.1706
87	90.1924	93.5400	97.0512	100.7349	104.6005
88	91.2676	94.6959	98.2939	102.0707	106.0363
89	92.3436	95.8538	99.5396	103.4110	107.4782
90	93.4206	97.0135	100.7885	104.7557	108.9260
91	94.4984	98.1752	102.0404	106.1048	110.3798
92	95.5772	99.3388	103.2955	107.4585	111.8398
93	96.6568	100.5044	104.5538	108.8167	113.3058
94	97.7374	101.6719	105.8151	110.1794	114.7779
95	98.8188	102.8413	107.0797	111.5467	116.2561
96	99.9012	104.0128	108.3474	112.9185	117.7405
97	100.9844	105.1861	109.6183	114.2949	119.2311
98	102.0686	106.3614	110.8923	115.6759	120.7279
99	103.1536	107.5387	112.1695	117.0615	122.2309
100	104.2396	108.7179	113.4500	118.4517	123.7402
101	105.3265	109.8991	114.7336	119.8465	125.2558
102	106.4142	111.0823	116.0204	121.2460	126.7777
103	107.5029	112.2674	117.3105	122.6502	128.3059
104	108.5925	113.4545	118.6037	124.0590	129.8406
105	109.6830	114.6436	119.9003	125.4726	131.3816
106	110.7744	115.8347	121.2000	126.8908	132.9290
107	111.8667	117.0277	122.5030	128.3138	134.4829
108	112.9599	118.2228	123.8093	129.7415	136.0432
109	114.0541	119.4198	125.1188	131.1739	137.6100
110	115.1491	120.6189	126.4316	132.6112	139.1834
111	116.2451	121.8199	127.7477	134.0532	140.7633
112	117.3419	123.0229	129.0670	135.5001	142.3499
113	118.4397	124.2280	130.3897	136.9517	143.9430
114	119.5384	125.4350	131.7157	138.4082	145.5427
115	120.6380	126.6441	133.0450	139.8696	147.1492
116	121.7386	127.8551	134.3776	141.3358	148.7623
117	122.8400	129.0682	135.7135	142.8070	150.3821
118	123.9424	130.2834	137.0528	144.2830	152.0087
119	125.0457	131.5005	138.3954	145.7639	153.6421
120	126.1499	132.7197	139.7414	147.2498	155.2823

零存整付（月）複利終值表——年利率01％～05％（第121～180期）

年利率 月-期數	1％	2％	3％	4％	5％
121	127.2550	133.9409	141.0908	148.7406	156.9293
122	128.3610	135.1641	142.4435	150.2364	158.5832
123	129.4680	136.3894	143.7996	151.7372	160.2439
124	130.5759	137.6167	145.1591	153.2430	161.9116
125	131.6847	138.8460	146.5220	154.7538	163.5862
126	132.7945	140.0775	147.8883	156.2697	165.2678
127	133.9051	141.3109	149.2580	157.7906	166.9565
128	135.0167	142.5464	150.6312	159.3165	168.6521
129	136.1292	143.7840	152.0078	160.8476	170.3548
130	137.2427	145.0237	153.3878	162.3838	172.0646
131	138.3570	146.2654	154.7712	163.9250	173.7816
132	139.4723	147.5091	156.1582	165.4715	175.5057
133	140.5886	148.7550	157.5486	167.0230	177.2369
134	141.7057	150.0029	158.9424	168.5798	178.9754
135	142.8238	151.2529	160.3398	170.1417	180.7212
136	143.9428	152.5050	161.7406	171.7088	182.4742
137	145.0628	153.7592	163.1450	173.2812	184.2345
138	146.1837	155.0154	164.5529	174.8588	186.0021
139	147.3055	156.2738	165.9642	176.4417	187.7771
140	148.4282	157.5343	167.3791	178.0298	189.5595
141	149.5519	158.7968	168.7976	179.6232	191.3494
142	150.6765	160.0615	170.2196	181.2220	193.1467
143	151.8021	161.3282	171.6451	182.8261	194.9514
144	152.9286	162.5971	173.0743	184.4355	196.7637
145	154.0561	163.8681	174.5069	186.0503	198.5836
146	155.1844	165.1412	175.9432	187.6704	200.4110
147	156.3138	166.4165	177.3831	189.2960	202.2461
148	157.4440	167.6938	178.8265	190.9270	204.0887
149	158.5752	168.9733	180.2736	192.5634	205.9391
150	159.7074	170.2549	181.7243	194.2053	207.7972
151	160.8405	171.5387	183.1786	195.8526	209.6630
152	161.9745	172.8246	184.6365	197.5055	211.5366
153	163.1095	174.1126	186.0981	199.1638	213.4180
154	164.2454	175.4028	187.5634	200.8277	215.3073
155	165.3823	176.6952	189.0323	202.4971	217.2044
156	166.5201	177.9897	190.5049	204.1721	219.1094
157	167.6588	179.2863	191.9811	205.8527	221.0223
158	168.7986	180.5851	193.4611	207.5389	222.9433
159	169.9392	181.8861	194.9447	209.2307	224.8722
160	171.0808	183.1892	196.4321	210.9281	226.8092
161	172.2234	184.4946	197.9232	212.6312	228.7542
162	173.3669	185.8020	199.4180	214.3400	230.7074
163	174.5114	187.1117	200.9165	216.0544	232.6686
164	175.6568	188.4236	202.4188	217.7746	234.6381
165	176.8032	189.7376	203.9249	219.5005	236.6157
166	177.9505	191.0538	205.4347	221.2322	238.6016
167	179.0988	192.3723	206.9483	222.9696	240.5958
168	180.2481	193.6929	208.4656	224.7129	242.5983
169	181.3983	195.0157	209.9868	226.4619	244.6091
170	182.5495	196.3407	211.5118	228.2168	246.6283
171	183.7016	197.6680	213.0405	229.9775	248.6559
172	184.8547	198.9974	214.5731	231.7441	250.6920
173	186.0087	200.3291	216.1096	233.5166	252.7366
174	187.1637	201.6629	217.6498	235.2950	254.7896
175	188.3197	202.9991	219.1940	237.0793	256.8513
176	189.4766	204.3374	220.7420	238.8696	258.9215
177	190.6345	205.6779	222.2938	240.6658	261.0003
178	191.7934	207.0207	223.8495	242.4680	263.0878
179	192.9532	208.3658	225.4092	244.2762	265.1840
180	194.1140	209.7131	226.9727	246.0905	267.2889

零存整付（月）複利終值表——年利率01%～05%（第181～240期）

年利率 月-期數	1%	2%	3%	4%	5%
181	195.2758	211.0626	228.5401	247.9108	269.4026
182	196.4385	212.4143	230.1115	249.7372	271.5252
183	197.6022	213.7684	231.6868	251.5696	273.6565
184	198.7669	215.1247	233.2660	253.4082	275.7967
185	199.9325	216.4832	234.8491	255.2529	277.9459
186	201.0991	217.8440	236.4363	257.1037	280.1040
187	202.2667	219.2071	238.0273	258.9607	282.2711
188	203.4353	220.5724	239.6224	260.8239	284.4472
189	204.6048	221.9400	241.2215	262.6933	286.6324
190	205.7753	223.3099	242.8245	264.5690	288.8267
191	206.9468	224.6821	244.4316	266.4509	291.0302
192	208.1192	226.0566	246.0427	268.3391	293.2428
193	209.2927	227.4334	247.6578	270.2335	295.4647
194	210.4671	228.8124	249.2769	272.1343	297.6958
195	211.6425	230.1938	250.9001	274.0414	299.9362
196	212.8188	231.5774	252.5274	275.9549	302.1859
197	213.9962	232.9634	254.1587	277.8747	304.4450
198	215.1745	234.3517	255.7941	279.8010	306.7135
199	216.3538	235.7422	257.4336	281.7337	308.9915
200	217.5341	237.1351	259.0771	283.6728	311.2790
201	218.7154	238.5304	260.7248	285.6183	313.5760
202	219.8976	239.9279	262.3766	287.5704	315.8825
203	221.0809	241.3278	264.0326	289.5290	318.1987
204	222.2651	242.7300	265.6927	291.4941	320.5245
205	223.4504	244.1346	267.3569	293.4657	322.8600
206	224.6366	245.5415	269.0253	295.4439	325.2053
207	225.8238	246.9507	270.6979	297.4287	327.5603
208	227.0119	248.3623	272.3746	299.4202	329.9251
209	228.2011	249.7762	274.0555	301.4182	332.2998
210	229.3913	251.1925	275.7407	303.4230	334.6844
211	230.5824	252.6112	277.4300	305.4344	337.0789
212	231.7746	254.0322	279.1236	307.4525	339.4834
213	232.9677	255.4556	280.8214	309.4773	341.8979
214	234.1619	256.8813	282.5235	311.5089	344.3225
215	235.3570	258.3095	284.2298	313.5473	346.7572
216	236.5532	259.7400	285.9403	315.5924	349.2020
217	237.7503	261.1729	287.6552	317.6444	351.6570
218	238.9484	262.6082	289.3743	319.7032	354.1223
219	240.1475	264.0458	291.0978	321.7689	356.5978
220	241.3476	265.4859	292.8255	323.8415	359.0836
221	242.5488	266.9284	294.5576	325.9209	361.5798
222	243.7509	268.3733	296.2940	328.0074	364.0864
223	244.9540	269.8206	298.0347	330.1007	366.6034
224	246.1582	271.2703	299.7798	332.2010	369.1309
225	247.3633	272.7224	301.5292	334.3084	371.6690
226	248.5694	274.1769	303.2831	336.4227	374.2176
227	249.7766	275.6339	305.0413	338.5442	376.7768
228	250.9847	277.0933	306.8039	340.6726	379.3467
229	252.1939	278.5551	308.5709	342.8082	381.9273
230	253.4040	280.0194	310.3423	344.9509	384.5187
231	254.6152	281.4861	312.1182	347.1007	387.1209
232	255.8274	282.9552	313.8985	349.2577	389.7339
233	257.0406	284.4268	315.6832	351.4219	392.3577
234	258.2548	285.9008	317.4724	353.5933	394.9926
235	259.4700	287.3773	319.2661	355.7720	397.6384
236	260.6862	288.8563	321.0643	357.9579	400.2952
237	261.9034	290.3377	322.8669	360.1511	402.9631
238	263.1217	291.8216	324.6741	362.3516	405.6421
239	264.3410	293.3080	326.4858	364.5594	408.3323
240	265.5612	294.7968	328.3020	366.7746	411.0337

零存整付（月）複利終值表——年利率01％～05％（第241～300期）

年利率 月-期數	1%	2%	3%	4%	5%
241	266.7825	296.2882	330.1228	368.9972	413.7463
242	268.0049	297.7820	331.9481	371.2272	416.4703
243	269.2282	299.2783	333.7779	373.4646	419.2055
244	270.4526	300.7771	335.6124	375.7095	421.9522
245	271.6779	302.2784	337.4514	377.9619	424.7104
246	272.9043	303.7822	339.2950	380.2217	427.4800
247	274.1318	305.2885	341.1433	382.4891	430.2612
248	275.3602	306.7973	342.9961	384.7641	433.0539
249	276.5897	308.3086	344.8536	387.0467	435.8583
250	277.8202	309.8225	346.7158	389.3368	438.6744
251	279.0517	311.3388	348.5825	391.6346	441.5022
252	280.2842	312.8577	350.4540	393.9401	444.3418
253	281.5178	314.3792	352.3301	396.2532	447.1932
254	282.7524	315.9031	354.2110	398.5740	450.0565
255	283.9880	317.4296	356.0965	400.9026	452.9318
256	285.2247	318.9587	357.9867	403.2390	455.8190
257	286.4624	320.4903	359.8817	405.5831	458.7182
258	287.7011	322.0244	361.7814	407.9350	461.6295
259	288.9408	323.5611	363.6859	410.2948	464.5530
260	290.1816	325.1004	365.5951	412.6625	467.4886
261	291.4234	326.6422	367.5091	415.0380	470.4365
262	292.6663	328.1866	369.4278	417.4215	473.3967
263	293.9102	329.7336	371.3514	419.8129	476.3691
264	295.1551	331.2832	373.2798	422.2122	479.3540
265	296.4011	332.8353	375.2130	424.6196	482.3513
266	297.6481	334.3900	377.1510	427.0350	485.3611
267	298.8961	335.9474	379.0939	429.4585	488.3835
268	300.1452	337.5073	381.0416	431.8900	491.4184
269	301.3953	339.0698	382.9942	434.3296	494.4660
270	302.6465	340.6349	384.9517	436.7774	497.5262
271	303.8987	342.2026	386.9141	439.2333	500.5993
272	305.1519	343.7730	388.8814	441.6974	503.6851
273	306.4062	345.3459	390.8536	444.1698	506.7838
274	307.6615	346.9215	392.8307	446.6503	509.8954
275	308.9179	348.4997	394.8128	449.1392	513.0199
276	310.1754	350.0805	396.7998	451.6363	516.1575
277	311.4338	351.6640	398.7918	454.1417	519.3082
278	312.6934	353.2501	400.7888	456.6555	522.4720
279	313.9539	354.8389	402.7908	459.1777	525.6489
280	315.2156	356.4303	404.7977	461.7083	528.8391
281	316.4783	358.0243	406.8097	464.2473	532.0426
282	317.7420	359.6210	408.8268	466.7948	535.2595
283	319.0068	361.2204	410.8488	469.3508	538.4897
284	320.2726	362.8224	412.8760	471.9153	541.7334
285	321.5395	364.4271	414.9081	474.4884	544.9907
286	322.8075	366.0345	416.9454	477.0700	548.2615
287	324.0765	367.6446	418.9878	479.6602	551.5459
288	325.3465	369.2573	421.0353	482.2591	554.8440
289	326.6176	370.8727	423.0878	484.8666	558.1558
290	327.8898	372.4908	425.1456	487.4829	561.4815
291	329.1631	374.1117	427.2084	490.1078	564.8210
292	330.4374	375.7352	429.2764	492.7415	568.1744
293	331.7127	377.3614	431.3496	495.3840	571.5418
294	332.9892	378.9903	433.4280	498.0352	574.9232
295	334.2667	380.6220	435.5116	500.6954	578.3187
296	335.5452	382.2564	437.6004	503.3643	581.7284
297	336.8248	383.8935	439.6944	506.0422	585.1523
298	338.1055	385.5333	441.7936	508.7290	588.5904
299	339.3873	387.1758	443.8981	511.4248	592.0429
300	340.6701	388.8211	446.0078	514.1295	595.5097

零存整付（月）複利終值表01％--05％（第301-360期）

月-期數 年利率	1%	2%	3%	4%	5%
301	341.9540	390.4692	448.1228	516.8433	598.9910
302	343.2389	392.1199	450.2431	519.5661	602.4868
303	344.5250	393.7735	452.3688	522.2980	605.9972
304	345.8121	395.4298	454.4997	525.0390	609.5221
305	347.1003	397.0888	456.6359	527.7891	613.0618
306	348.3895	398.7506	458.7775	530.5484	616.6162
307	349.6798	400.4152	460.9245	533.3169	620.1855
308	350.9712	402.0826	463.0768	536.0946	623.7696
309	352.2637	403.7527	465.2345	538.8816	627.3686
310	353.5573	405.4256	467.3976	541.6779	630.9827
311	354.8519	407.1013	469.5660	544.4835	634.6118
312	356.1476	408.7798	471.7400	547.2984	638.2560
313	357.4444	410.4611	473.9193	550.1228	641.9154
314	358.7423	412.1452	476.1041	552.9565	645.5900
315	360.0412	413.8322	478.2944	555.7997	649.2800
316	361.3413	415.5219	480.4901	558.6524	652.9853
317	362.6424	417.2144	482.6913	561.5145	656.7061
318	363.9446	418.9098	484.8981	564.3863	660.4424
319	365.2479	420.6079	487.1103	567.2675	664.1942
320	366.5522	422.3090	489.3281	570.1584	667.9617
321	367.8577	424.0128	491.5514	573.0590	671.7448
322	369.1642	425.7195	493.7803	575.9692	675.5438
323	370.4719	427.4290	496.0147	578.8891	679.3586
324	371.7806	429.1414	498.2548	581.8187	683.1892
325	373.0904	430.8566	500.5004	584.7581	687.0358
326	374.4013	432.5747	502.7517	587.7073	690.8985
327	375.7133	434.2957	505.0085	590.6663	694.7772
328	377.0264	436.0195	507.2711	593.6352	698.6721
329	378.3406	437.7462	509.5392	596.6140	702.5833
330	379.6559	439.4758	511.8131	599.6027	706.5107
331	380.9723	441.2083	514.0926	602.6014	710.4545
332	382.2898	442.9436	516.3778	605.6100	714.4147
333	383.6083	444.6819	518.6688	608.6287	718.3914
334	384.9280	446.4230	520.9655	611.6575	722.3847
335	386.2488	448.1670	523.2679	614.6964	726.3947
336	387.5707	449.9140	525.5760	617.7453	730.4213
337	388.8936	451.6638	527.8900	620.8045	734.4647
338	390.2177	453.4166	530.2097	623.8738	738.5250
339	391.5429	455.1723	532.5352	626.9534	742.6022
340	392.8692	456.9309	534.8666	630.0433	746.6964
341	394.1966	458.6925	537.2037	633.1434	750.8076
342	395.5251	460.4570	539.5467	636.2539	754.9360
343	396.8547	462.2244	541.8956	639.3747	759.0815
344	398.1854	463.9948	544.2504	642.5060	763.2444
345	399.5172	465.7681	546.6110	645.6477	767.4246
346	400.8501	467.5444	548.9775	648.7998	771.6222
347	402.1842	469.3236	551.3500	651.9625	775.8373
348	403.5193	471.1058	553.7283	655.1357	780.0699
349	404.8556	472.8910	556.1126	658.3195	784.3202
350	406.1930	474.6791	558.5029	661.5139	788.5882
351	407.5315	476.4703	560.8992	664.7189	792.8740
352	408.8711	478.2644	563.3014	667.9347	797.1776
353	410.2118	480.0615	565.7097	671.1611	801.4992
354	411.5536	481.8616	568.1240	674.3983	805.8388
355	412.8966	483.6647	570.5443	677.6463	810.1965
356	414.2407	485.4708	572.9706	680.9051	814.5723
357	415.5859	487.2799	575.4031	684.1748	818.9663
358	416.9322	489.0921	577.8416	687.4554	823.3787
359	418.2796	490.9072	580.2862	690.7469	827.8094
360	419.6282	492.7254	582.7369	694.0494	832.2586

零存整付（月）複利終值表──年利率06％～10％（第001～060期）

年利率 月-期數	6%	7%	8%	9%	10%
1	1.0000	1.0000	1.0000	1.0000	1.0000
2	2.0050	2.0058	2.0067	2.0075	2.0083
3	3.0150	3.0175	3.0200	3.0226	3.0251
4	4.0301	4.0351	4.0402	4.0452	4.0503
5	5.0503	5.0587	5.0671	5.0756	5.0840
6	6.0755	6.0882	6.1009	6.1136	6.1264
7	7.1059	7.1237	7.1416	7.1595	7.1775
8	8.1414	8.1653	8.1892	8.2132	8.2373
9	9.1821	9.2129	9.2438	9.2748	9.3059
10	10.2280	10.2666	10.3054	10.3443	10.3835
11	11.2792	11.3265	11.3741	11.4219	11.4700
12	12.3356	12.3926	12.4499	12.5076	12.5656
13	13.3972	13.4649	13.5329	13.6014	13.6703
14	14.4642	14.5434	14.6231	14.7034	14.7842
15	15.5365	15.6283	15.7206	15.8137	15.9074
16	16.6142	16.7194	16.8254	16.9323	17.0400
17	17.6973	17.8170	17.9376	18.0593	18.1820
18	18.7858	18.9209	19.0572	19.1947	19.3335
19	19.8797	20.0313	20.1842	20.3387	20.4946
20	20.9791	21.1481	21.3188	21.4912	21.6654
21	22.0840	22.2715	22.4609	22.6524	22.8459
22	23.1944	23.4014	23.6107	23.8223	24.0363
23	24.3104	24.5379	24.7681	25.0010	25.2366
24	25.4320	25.6810	25.9332	26.1885	26.4469
25	26.5591	26.8308	27.1061	27.3849	27.6673
26	27.6919	27.9874	28.2868	28.5903	28.8979
27	28.8304	29.1506	29.4754	29.8047	30.1387
28	29.9745	30.3207	30.6719	31.0282	31.3898
29	31.1244	31.4975	31.8763	32.2609	32.6514
30	32.2800	32.6813	33.0889	33.5029	33.9235
31	33.4414	33.8719	34.3094	34.7542	35.2062
32	34.6086	35.0695	35.5382	36.0148	36.4996
33	35.7817	36.2741	36.7751	37.2849	37.8038
34	36.9606	37.4857	38.0203	38.5646	39.1188
35	38.1454	38.7043	39.2737	39.8538	40.4448
36	39.3361	39.9301	40.5356	41.1527	41.7818
37	40.5328	41.1630	41.8058	42.4614	43.1300
38	41.7354	42.4031	43.0845	43.7798	44.4894
39	42.9441	43.6505	44.3717	45.1082	45.8602
40	44.1588	44.9051	45.6675	46.4465	47.2423
41	45.3796	46.1671	46.9720	47.7948	48.6360
42	46.6065	47.4364	48.2851	49.1533	50.0413
43	47.8396	48.7131	49.6070	50.5219	51.4583
44	49.0788	49.9972	50.9378	51.9009	52.8871
45	50.3242	51.2889	52.2773	53.2901	54.3279
46	51.5758	52.5881	53.6259	54.6898	55.7806
47	52.8337	53.8948	54.9834	56.1000	57.2454
48	54.0978	55.2092	56.3499	57.5207	58.7225
49	55.3683	56.5313	57.7256	58.9521	60.2118
50	56.6452	57.8611	59.1104	60.3943	61.7136
51	57.9284	59.1986	60.5045	61.8472	63.2279
52	59.2180	60.5439	61.9079	63.3111	64.7548
53	60.5141	61.8971	63.3206	64.7859	66.2944
54	61.8167	63.2581	64.7427	66.2718	67.8469
55	63.1258	64.6271	66.1743	67.7688	69.4123
56	64.4414	66.0041	67.6155	69.2771	70.9907
57	65.7636	67.3892	69.0663	70.7967	72.5823
58	67.0924	68.7823	70.5267	72.3277	74.1871
59	68.4279	70.1835	71.9969	73.8701	75.8054
60	69.7700	71.5929	73.4769	75.4241	77.4371

零存整付（月）複利終值表──年利率06%～10%（第061～120期）

月-期數	6%	7%	8%	9%	10%
61	71.1189	73.0105	74.9667	76.9898	79.0824
62	72.4745	74.4364	76.4665	78.5672	80.7414
63	73.8368	75.8706	77.9763	80.1565	82.4142
64	75.2060	77.3132	79.4961	81.7577	84.1010
65	76.5821	78.7642	81.0261	83.3709	85.8019
66	77.9650	80.2237	82.5662	84.9961	87.5169
67	79.3548	81.6916	84.1167	86.6336	89.2462
68	80.7516	83.1682	85.6775	88.2834	90.9899
69	82.1553	84.6533	87.2486	89.9455	92.7482
70	83.5661	86.1471	88.8303	91.6201	94.5211
71	84.9839	87.6497	90.4225	93.3072	96.3087
72	86.4089	89.1609	92.0253	95.0070	98.1113
73	87.8409	90.6810	93.6388	96.7196	99.9289
74	89.2801	92.2100	95.2631	98.4450	101.7616
75	90.7265	93.7479	96.8982	100.1833	103.6097
76	92.1801	95.2948	98.5442	101.9347	105.4731
77	93.6410	96.8507	100.2011	103.6992	107.3520
78	95.1092	98.4156	101.8691	105.4769	109.2466
79	96.5848	99.9897	103.5483	107.2680	111.1570
80	98.0677	101.5730	105.2386	109.0725	113.0833
81	99.5581	103.1655	106.9402	110.8906	115.0257
82	101.0558	104.7673	108.6531	112.7223	116.9842
83	102.5611	106.3784	110.3775	114.5677	118.9591
84	104.0739	107.9990	112.1133	116.4269	120.9504
85	105.5943	109.6290	113.8607	118.3001	122.9583
86	107.1223	111.2685	115.6198	120.1874	124.9830
87	108.6579	112.9175	117.3906	122.0888	127.0245
88	110.2012	114.5762	119.1732	124.0045	129.0831
89	111.7522	116.2446	120.9677	125.9345	131.1587
90	113.3109	117.9227	122.7741	127.8790	133.2517
91	114.8775	119.6106	124.5926	129.8381	135.3622
92	116.4519	121.3083	126.4233	131.8119	137.4902
93	118.0341	123.0159	128.2661	133.8005	139.6359
94	119.6243	124.7335	130.1212	135.8040	141.7996
95	121.2224	126.4611	131.9887	137.8225	143.9812
96	122.8285	128.1988	133.8686	139.8562	146.1811
97	124.4427	129.9466	135.7610	141.9051	148.3993
98	126.0649	131.7047	137.6661	143.9694	150.6359
99	127.6952	133.4729	139.5839	146.0491	152.8912
100	129.3337	135.2515	141.5144	148.1445	155.1653
101	130.9804	137.0405	143.4579	150.2556	157.4583
102	132.6353	138.8399	145.4143	152.3825	159.7705
103	134.2984	140.6498	147.3837	154.5254	162.1019
104	135.9699	142.4703	149.3662	156.6843	164.4528
105	137.6498	144.3013	151.3620	158.8595	166.8232
106	139.3380	146.1431	153.3711	161.0509	169.2134
107	141.0347	147.9956	155.3936	163.2588	171.6235
108	142.7399	149.8589	157.4295	165.4832	174.0537
109	144.4536	151.7331	159.4791	167.7243	176.5042
110	146.1759	153.6182	161.5423	169.9823	178.9750
111	147.9067	155.5143	163.6192	172.2571	181.4665
112	149.6463	157.4215	165.7100	174.5491	183.9787
113	151.3945	159.3398	167.8147	176.8582	186.5119
114	153.1515	161.2692	169.9335	179.1846	189.0661
115	154.9172	163.2100	172.0664	181.5285	191.6417
116	156.6918	165.1620	174.2135	183.8900	194.2387
117	158.4753	167.1255	176.3749	186.2692	196.8573
118	160.2677	169.1004	178.5508	188.6662	199.4978
119	162.0690	171.0868	180.7411	191.0812	202.1603
120	163.8793	173.0848	182.9460	193.5143	204.8450

Let's Finance !
㊣國民理財系列叢書

零存整付（月）複利終值表　年利率06％～10％（第121～180期）

年利率 月-期數	6%	7%	8%	9%	10%
121	165.6987	175.0945	185.1657	195.9656	207.5520
122	167.5272	177.1159	187.4001	198.4354	210.2816
123	169.3649	179.1490	189.6494	200.9236	213.0340
124	171.2117	181.1941	191.9138	203.4306	215.8093
125	173.0678	183.2510	194.1932	205.9563	218.6077
126	174.9331	185.3200	196.4878	208.5010	221.4294
127	176.8078	187.4010	198.7977	211.0647	224.2746
128	178.6918	189.4942	201.1231	213.6477	227.1436
129	180.5853	191.5996	203.4639	216.2501	230.0365
130	182.4882	193.7172	205.8203	218.8719	232.9534
131	184.4006	195.8473	208.1924	221.5135	235.8947
132	186.3226	197.9897	210.5804	224.1748	238.8605
133	188.2542	200.1446	212.9843	226.8561	241.8510
134	190.1955	202.3122	215.4042	229.5576	244.8664
135	192.1465	204.4923	217.8402	232.2793	247.9070
136	194.1072	206.6852	220.2925	235.0213	250.9729
137	196.0778	208.8908	222.7611	237.7840	254.0643
138	198.0581	211.1094	225.2461	240.5674	257.1815
139	200.0484	213.3408	227.7478	243.3716	260.3247
140	202.0487	215.5853	230.2661	246.1969	263.4941
141	204.0589	217.8429	232.8012	249.0434	266.6898
142	206.0792	220.1137	235.3532	251.9112	269.9123
143	208.1096	222.3977	237.9222	254.8006	273.1615
144	210.1502	224.6950	240.5084	257.7116	276.4379
145	212.2009	227.0057	243.1118	260.6444	279.7415
146	214.2619	229.3299	245.7325	263.5992	283.0727
147	216.3332	231.6677	248.3707	266.5762	286.4316
148	218.4149	234.0191	251.0265	269.5756	289.8186
149	220.5070	236.3842	253.7001	272.5974	293.2337
150	222.6095	238.7631	256.3914	275.6419	296.6773
151	224.7226	241.1559	259.1007	278.7092	300.1497
152	226.8462	243.5626	261.8280	281.7995	303.6509
153	228.9804	245.9834	264.5735	284.9130	307.1813
154	231.1253	248.4183	267.3373	288.0498	310.7412
155	233.2809	250.8674	270.1196	291.2102	314.3307
156	235.4473	253.3308	272.9204	294.3943	317.9501
157	237.6246	255.8086	275.7399	297.6022	321.5997
158	239.8127	258.3008	278.5781	300.8343	325.2797
159	242.0118	260.8075	281.4353	304.0905	328.9903
160	244.2218	263.3289	284.3115	307.3712	332.7319
161	246.4429	265.8650	287.2070	310.6765	336.5047
162	248.6751	268.4159	290.1217	314.0065	340.3089
163	250.9185	270.9816	293.0558	317.3616	344.1448
164	253.1731	273.5623	296.0095	320.7418	348.0127
165	255.4390	276.1581	298.9829	324.1474	351.9128
166	257.7162	278.7691	301.9761	327.5785	355.8454
167	260.0047	281.3952	304.9893	331.0353	359.8108
168	262.3048	284.0367	308.0226	334.5181	363.8092
169	264.6163	286.6936	311.0761	338.0270	367.8409
170	266.9394	289.3659	314.1499	341.5622	371.9063
171	269.2741	292.0539	317.2442	345.1239	376.0055
172	271.6204	294.7576	320.3592	348.7123	380.1389
173	273.9785	297.4770	323.4949	352.3277	384.3067
174	276.3484	300.2123	326.6516	355.9701	388.5093
175	278.7302	302.9635	329.8292	359.6399	392.7468
176	281.1238	305.7308	333.0281	363.3372	397.0197
177	283.5294	308.5142	336.2483	367.0622	401.3282
178	285.9471	311.3139	339.4899	370.8152	405.6726
179	288.3768	314.1299	342.7532	374.5963	410.0532
180	290.8187	316.9623	346.0382	378.4058	414.4703

零存整付（月）複利終值表——年利率06％～10％（第181～240期）

月-期數\年利率	6%	7%	8%	9%	10%
181	293.2728	319.8112	349.3451	382.2438	418.9243
182	295.7392	322.6768	352.6741	386.1106	423.4153
183	298.2179	325.5591	356.0253	390.0065	427.9438
184	300.7090	328.4582	359.3988	393.9315	432.5100
185	303.2125	331.3742	362.7948	397.8860	437.1142
186	305.7286	334.3072	366.2134	401.8702	441.7568
187	308.2572	337.2573	369.6548	405.8842	446.4381
188	310.7985	340.2247	373.1192	409.9283	451.1585
189	313.3525	343.2093	376.6066	414.0028	455.9181
190	315.9192	346.2114	380.1174	418.1078	460.7174
191	318.4988	349.2309	383.6515	422.2436	465.5567
192	321.0913	352.2681	387.2091	426.4104	470.4364
193	323.6968	355.3230	390.7905	430.6085	475.3567
194	326.3153	358.3957	394.3958	434.8381	480.3180
195	328.9469	361.4864	398.0251	439.0994	485.3206
196	331.5916	364.5950	401.6786	443.3926	490.3650
197	334.2495	367.7218	405.3565	447.7180	495.4513
198	336.9208	370.8669	409.0589	452.0759	500.5801
199	339.6054	374.0303	412.7859	456.4665	505.7516
200	342.3034	377.2121	416.5378	460.8900	510.9662
201	345.0149	380.4125	420.3147	465.3467	516.2243
202	347.7400	383.6316	424.1168	469.8368	521.5261
203	350.4787	386.8694	427.9443	474.3605	526.8722
204	353.2311	390.1262	431.7972	478.9183	532.2628
205	355.9973	393.4019	435.6759	483.5101	537.6983
206	358.7773	396.6968	439.5804	488.1365	543.1791
207	361.5711	400.0108	443.5109	492.7975	548.7056
208	364.3790	403.3442	447.4677	497.4935	554.2782
209	367.2009	406.6971	451.4508	502.2247	559.8971
210	370.0369	410.0695	455.4605	506.9914	565.5630
211	372.8871	413.4615	459.4969	511.7938	571.2760
212	375.7515	416.8734	463.5602	516.6322	577.0366
213	378.6303	420.3052	467.6506	521.5070	582.8453
214	381.5234	423.7569	471.7683	526.4183	588.7023
215	384.4310	427.2289	475.9134	531.3664	594.6081
216	387.3532	430.7210	480.0861	536.3517	600.5632
217	390.2900	434.2336	484.2867	541.3743	606.5679
218	393.2414	437.7666	488.5153	546.4346	612.6226
219	396.2076	441.3202	492.7720	551.5329	618.7278
220	399.1887	444.8946	497.0572	556.6694	624.8839
221	402.1846	448.4898	501.3709	561.8444	631.0913
222	405.1955	452.1060	505.7134	567.0582	637.3504
223	408.2215	455.7433	510.0848	572.3112	643.6616
224	411.2626	459.4018	514.4854	577.6035	650.0255
225	414.3189	463.0816	518.9153	582.9355	656.4423
226	417.3905	466.7830	523.3747	588.3075	662.9127
227	420.4775	470.5059	527.8639	593.7198	669.4370
228	423.5799	474.2505	532.3830	599.1727	676.0156
229	426.6978	478.0169	536.9322	604.6665	682.6491
230	429.8312	481.8054	541.5117	610.2015	689.3378
231	432.9804	485.6159	546.1218	615.7781	696.0823
232	436.1453	489.4487	550.7626	621.3964	702.8830
233	439.3260	493.3038	555.4344	627.0569	709.7403
234	442.5227	497.1814	560.1373	632.7598	716.6548
235	445.7353	501.0816	564.8715	638.5055	723.6270
236	448.9639	505.0046	569.6373	644.2943	730.6572
237	452.2088	508.9504	574.4349	650.1265	737.7460
238	455.4698	512.9193	579.2645	656.0024	744.8939
239	458.7472	516.9113	584.1262	661.9225	752.1013
240	462.0409	520.9267	589.0204	667.8869	759.3688

零存整付（月）複利終值表———年利率06％～10％（第241～300期）

年利率 月-期數	6%	7%	8%	9%	10%
241	465.3511	524.9654	593.9472	673.8960	766.6969
242	468.6779	529.0277	598.9069	679.9502	774.0861
243	472.0212	533.1137	603.8996	686.0499	781.5368
244	475.3814	537.2235	608.9256	692.1952	789.0496
245	478.7583	541.3573	613.9851	698.3867	796.6250
246	482.1520	545.5152	619.0783	704.6246	804.2635
247	485.5628	549.6974	624.2055	710.9093	811.9657
248	488.9906	553.9040	629.3669	717.2411	819.7321
249	492.4356	558.1351	634.5627	723.6204	827.5632
250	495.8978	562.3909	639.7931	730.0476	835.4596
251	499.3772	566.6715	645.0584	736.5229	843.4217
252	502.8741	570.9771	650.3587	743.0469	851.4502
253	506.3885	575.3078	655.6945	749.6197	859.5457
254	509.9204	579.6637	661.0658	756.2419	867.7085
255	513.4700	584.0451	666.4729	762.9137	875.9394
256	517.0374	588.4520	671.9160	769.6355	884.2389
257	520.6226	592.8847	677.3955	776.4078	892.6076
258	524.2257	597.3432	682.9114	783.2308	901.0460
259	527.8468	601.8277	688.4642	790.1051	909.5547
260	531.4861	606.3383	694.0539	797.0309	918.1343
261	535.1435	610.8753	699.6810	804.0086	926.7855
262	538.8192	615.4387	705.3455	811.0387	935.5087
263	542.5133	620.0288	711.0478	818.1214	944.3046
264	546.2259	624.6456	716.7881	825.2574	953.1738
265	549.9570	629.2894	722.5667	832.4468	962.1169
266	553.7068	633.9603	728.3838	839.6901	971.1345
267	557.4753	638.6584	734.2397	846.9878	980.2273
268	561.2627	643.3839	740.1346	854.3402	989.3959
269	565.0690	648.1369	746.0689	861.7478	998.6408
270	568.8944	652.9177	752.0427	869.2109	1.007.9629
271	572.7388	657.7264	758.0563	876.7300	1.017.3625
272	576.6025	662.5632	764.1100	884.3054	1.026.8406
273	580.4855	667.4281	770.2041	891.9377	1.036.3976
274	584.3880	672.3214	776.3388	899.6273	1.046.0342
275	588.3099	677.2433	782.5144	907.3745	1.055.7512
276	592.2514	682.1939	788.7311	915.1798	1.065.5491
277	596.2127	687.1734	794.9893	923.0436	1.075.4287
278	600.1938	692.1819	801.2893	930.9665	1.085.3906
279	604.1947	697.2196	807.6312	938.9487	1.095.4355
280	608.2157	702.2867	814.0154	946.9908	1.105.5641
281	612.2568	707.3834	820.4422	955.0932	1.115.7772
282	616.3181	712.5098	826.9118	963.2564	1.126.0753
283	620.3997	717.6661	833.4245	971.4809	1.136.4593
284	624.5017	722.8525	839.9807	979.7670	1.146.9298
285	628.6242	728.0691	846.5805	988.1152	1.157.4875
286	632.7673	733.3162	853.2244	996.5261	1.168.1332
287	636.9311	738.5939	859.9126	1.005.0000	1.178.8677
288	641.1158	743.9023	866.6453	1.013.5375	1.189.6916
289	645.3214	749.2418	873.4230	1.022.1391	1.200.6057
290	649.5480	754.6124	880.2458	1.030.8051	1.211.6107
291	653.7957	760.0143	887.1141	1.039.5362	1.222.7075
292	658.0647	765.4477	894.0282	1.048.3327	1.233.8967
293	662.3550	770.9128	900.9884	1.057.1952	1.245.1792
294	666.6668	776.4098	907.9950	1.066.1241	1.256.5557
295	671.0001	781.9388	915.0483	1.075.1201	1.268.0270
296	675.3551	787.5001	922.1486	1.084.1835	1.279.5939
297	679.7319	793.0939	929.2962	1.093.3148	1.291.2571
298	684.1306	798.7203	936.4916	1.102.5147	1.303.0176
299	688.5512	804.3795	943.7348	1.111.7836	1.314.8761
300	692.9940	810.0717	951.0264	1.121.1219	1.326.8334

零存整付（月）複利終值表　　年利率06%～10%（第301～360期）

月-期數	6%	7%	8%	9%	10%
301	697.4589	815.7971	958.3666	1.130.5304	1.338.8903
302	701.9462	821.5559	965.7557	1.140.0093	1.351.0478
303	706.4560	827.3483	973.1941	1.149.5594	1.363.3065
304	710.9882	833.1745	980.6820	1.159.1811	1.375.6674
305	715.5432	839.0347	988.2199	1.168.8750	1.388.1313
306	720.1209	844.9291	995.8080	1.178.6415	1.400.6990
307	724.7215	850.8578	1.003.4467	1.188.4813	1.413.3715
308	729.3451	856.8212	1.011.1364	1.198.3949	1.426.1496
309	733.9918	862.8193	1.018.8773	1.208.3829	1.439.0342
310	738.6618	868.8524	1.026.6698	1.218.4458	1.452.0262
311	743.3551	874.9207	1.034.5143	1.228.5841	1.465.1264
312	748.0719	881.0244	1.042.4110	1.238.7985	1.478.3358
313	752.8122	887.1637	1.050.3604	1.249.0895	1.491.6552
314	757.5763	893.3389	1.058.3629	1.259.4577	1.505.0857
315	762.3642	899.5500	1.066.4186	1.269.9036	1.518.6281
316	767.1760	905.7974	1.074.5281	1.280.4279	1.532.2833
317	772.0119	912.0812	1.082.6916	1.291.0311	1.546.0523
318	776.8719	918.4017	1.090.9095	1.301.7138	1.559.9361
319	781.7563	924.7590	1.099.1823	1.312.4767	1.573.9356
320	786.6651	931.1534	1.107.5101	1.323.3202	1.588.0517
321	791.5984	937.5852	1.115.8935	1.334.2451	1.602.2855
322	796.5564	944.0544	1.124.3328	1.345.2520	1.616.6378
323	801.5392	950.5614	1.132.8284	1.356.3414	1.631.1098
324	806.5469	957.1063	1.141.3806	1.367.5139	1.645.7024
325	811.5796	963.6895	1.149.9898	1.378.7703	1.660.4166
326	816.6375	970.3110	1.158.6564	1.390.1111	1.675.2534
327	821.7207	976.9711	1.167.3807	1.401.5369	1.690.2138
328	826.8293	983.6701	1.176.1633	1.413.0484	1.705.2990
329	831.9634	990.4082	1.185.0044	1.424.6463	1.720.5098
330	837.1233	997.1856	1.193.9044	1.436.3311	1.735.8474
331	842.3089	1.004.0025	1.202.8638	1.448.1036	1.751.3128
332	847.5204	1.010.8592	1.211.8829	1.459.9644	1.766.9070
333	852.7580	1.017.7559	1.220.9621	1.471.9141	1.782.6313
334	858.0218	1.024.6928	1.230.1018	1.483.9535	1.798.4865
335	863.3119	1.031.6701	1.239.3025	1.496.0831	1.814.4739
336	868.6285	1.038.6882	1.248.5645	1.508.3037	1.830.5945
337	873.9716	1.045.7472	1.257.8883	1.520.6160	1.846.8495
338	879.3415	1.052.8474	1.267.2742	1.533.0206	1.863.2399
339	884.7382	1.059.9890	1.276.7227	1.545.5183	1.879.7669
340	890.1619	1.067.1723	1.286.2342	1.558.1097	1.896.4316
341	895.6127	1.074.3975	1.295.8091	1.570.7955	1.913.2352
342	901.0908	1.081.6648	1.305.4478	1.583.5765	1.930.1788
343	906.5962	1.088.9745	1.315.1508	1.596.4533	1.947.2637
344	912.1292	1.096.3269	1.324.9185	1.609.4267	1.964.4909
345	917.6898	1.103.7221	1.334.7513	1.622.4974	1.981.8616
346	923.2783	1.111.1605	1.344.6496	1.635.6661	1.999.3771
347	928.8947	1.118.6422	1.354.6139	1.648.9336	2.017.0386
348	934.5392	1.126.1677	1.364.6447	1.662.3006	2.034.8473
349	940.2118	1.133.7370	1.374.7423	1.675.7679	2.052.8043
350	945.9129	1.141.3504	1.384.9073	1.689.3361	2.070.9110
351	951.6425	1.149.0083	1.395.1400	1.703.0062	2.089.1686
352	957.4007	1.156.7109	1.405.4409	1.716.7787	2.107.5784
353	963.1877	1.164.4583	1.415.8105	1.730.6546	2.126.1415
354	969.0036	1.172.2510	1.426.2493	1.744.6345	2.144.8594
355	974.8486	1.180.0891	1.436.7576	1.758.7192	2.163.7332
356	980.7229	1.187.9730	1.447.3360	1.772.9096	2.182.7643
357	986.6265	1.195.9028	1.457.9849	1.787.2064	2.201.9540
358	992.5596	1.203.8789	1.468.7048	1.801.6105	2.221.3036
359	998.5224	1.211.9016	1.479.4961	1.816.1226	2.240.8145
360	1.004.5150	1.219.9710	1.490.3594	1.830.7435	2.260.4879

零存整付（月）複利終值表──年利率11%～15%（第001～060期）

年利率 月-期數	11%	12%	13%	14%	15%
1	1.0000	1.0000	1.0000	1.0000	1.0000
2	2.0092	2.0100	2.0108	2.0117	2.0125
3	3.0276	3.0301	3.0326	3.0351	3.0377
4	4.0553	4.0604	4.0655	4.0705	4.0756
5	5.0925	5.1010	5.1095	5.1180	5.1266
6	6.1392	6.1520	6.1649	6.1777	6.1907
7	7.1955	7.2135	7.2317	7.2498	7.2680
8	8.2614	8.2857	8.3100	8.3344	8.3589
9	9.3372	9.3685	9.4000	9.4316	9.4634
10	10.4227	10.4622	10.5019	10.5417	10.5817
11	11.5183	11.5668	11.6156	11.6647	11.7139
12	12.6239	12.6825	12.7415	12.8007	12.8604
13	13.7396	13.8093	13.8795	13.9501	14.0211
14	14.8655	14.9474	15.0299	15.1128	15.1964
15	16.0018	16.0969	16.1927	16.2892	16.3863
16	17.1485	17.2579	17.3681	17.4792	17.5912
17	18.3057	18.4304	18.5563	18.6831	18.8111
18	19.4735	19.6147	19.7573	19.9011	20.0462
19	20.6520	20.8109	20.9713	21.1333	21.2968
20	21.8413	22.0190	22.1985	22.3798	22.5630
21	23.0415	23.2392	23.4390	23.6409	23.8450
22	24.2527	24.4716	24.6929	24.9167	25.1431
23	25.4750	25.7163	25.9604	26.2074	26.4574
24	26.7086	26.9735	27.2417	27.5132	27.7881
25	27.9534	28.2432	28.5368	28.8342	29.1354
26	29.2096	29.5256	29.8459	30.1706	30.4996
27	30.4774	30.8209	31.1693	31.5226	31.8809
28	31.7568	32.1291	32.5069	32.8903	33.2794
29	33.0479	33.4504	33.8591	34.2740	34.6954
30	34.3508	34.7849	35.2259	35.6739	36.1291
31	35.6657	36.1327	36.6075	37.0901	37.5807
32	36.9926	37.4941	38.0041	38.5228	39.0504
33	38.3317	38.8690	39.4158	39.9722	40.5386
34	39.6831	40.2577	40.8428	41.4386	42.0453
35	41.0469	41.6603	42.2853	42.9220	43.5709
36	42.4231	43.0769	43.7433	44.4228	45.1155
37	43.8120	44.5076	45.2172	45.9411	46.6794
38	45.2136	45.9527	46.7071	47.4770	48.2629
39	46.6281	47.4123	48.2131	49.0309	49.8662
40	48.0555	48.8864	49.7354	50.6030	51.4896
41	49.4960	50.3752	51.2742	52.1933	53.1332
42	50.9497	51.8790	52.8297	53.8023	54.7973
43	52.4168	53.3978	54.4020	55.4300	56.4823
44	53.8972	54.9318	55.9913	57.0766	58.1883
45	55.3913	56.4811	57.5979	58.7425	59.9157
46	56.8991	58.0459	59.2219	60.4279	61.6646
47	58.4206	59.6263	60.8635	62.1329	63.4354
48	59.9562	61.2226	62.5228	63.8577	65.2284
49	61.5057	62.8348	64.2001	65.6027	67.0437
50	63.0696	64.4632	65.8956	67.3681	68.8818
51	64.6477	66.1078	67.6095	69.1541	70.7428
52	66.2403	67.7689	69.3419	70.9609	72.6271
53	67.8475	69.4466	71.0932	72.7887	74.5349
54	69.4694	71.1410	72.8633	74.6379	76.4666
55	71.1062	72.8525	74.6527	76.5087	78.4225
56	72.7580	74.5810	76.4614	78.4013	80.4027
57	74.4250	76.3268	78.2898	80.3160	82.4078
58	76.1072	78.0901	80.1379	82.2530	84.4379
59	77.8049	79.8710	82.0061	84.2126	86.4933
60	79.5181	81.6697	83.8944	86.1951	88.5745

零存整付（月）複利終值表——年利率11％～15％（第061～120期）

月-期數＼年利率	11%	12%	13%	14%	15%
61	81.2470	83.4864	85.8033	88.2007	90.6817
62	82.9918	85.3212	87.7328	90.2297	92.8152
63	84.7525	87.1744	89.6833	92.2824	94.9754
64	86.5294	89.0462	91.6548	94.3591	97.1626
65	88.3226	90.9366	93.6478	96.4599	99.3771
66	90.1322	92.8460	95.6623	98.5853	101.6193
67	91.9584	94.7745	97.6986	100.7354	103.8896
68	93.8014	96.7222	99.7570	102.9107	106.1882
69	95.6612	98.6894	101.8377	105.1113	108.5156
70	97.5381	100.6763	103.9410	107.3376	110.8720
71	99.4322	102.6831	106.0670	109.5899	113.2579
72	101.3437	104.7099	108.2161	111.8684	115.6736
73	103.2727	106.7570	110.3884	114.1736	118.1195
74	105.2193	108.8246	112.5843	116.5056	120.5960
75	107.1839	110.9128	114.8039	118.8648	123.1035
76	109.1664	113.0220	117.0477	121.2516	125.6423
77	111.1671	115.1522	119.3157	123.6662	128.2128
78	113.1861	117.3037	121.6083	126.1089	130.8155
79	115.2236	119.4768	123.9257	128.5802	133.4507
80	117.2799	121.6715	126.2682	131.0803	136.1188
81	119.3549	123.8882	128.6361	133.6096	138.8203
82	121.4490	126.1271	131.0297	136.1684	141.5555
83	123.5623	128.3884	133.4492	138.7570	144.3250
84	125.6949	130.6723	135.8949	141.3758	147.1290
85	127.8471	132.9790	138.3671	144.0252	149.9682
86	130.0191	135.3088	140.8660	146.7055	152.8428
87	132.2109	137.6619	143.3921	149.4171	155.7533
88	134.4229	140.0385	145.9455	152.1603	158.7002
89	136.6551	142.4389	148.5266	154.9355	161.6840
90	138.9077	144.8633	151.1356	157.7431	164.7050
91	141.1811	147.3119	153.7729	160.5834	167.7638
92	143.4752	149.7850	156.4388	163.4569	170.8609
93	145.7904	152.2829	159.1335	166.3639	173.9966
94	148.1268	154.8057	161.8575	169.3048	177.1716
95	150.4846	157.3538	164.6109	172.2800	180.3862
96	152.8641	159.9273	167.3942	175.2899	183.6411
97	155.2653	162.5266	170.2077	178.3350	186.9366
98	157.6886	165.1518	173.0516	181.4156	190.2733
99	160.1341	167.8033	175.9263	184.5321	193.6517
100	162.6020	170.4814	178.8322	187.6849	197.0723
101	165.0925	173.1862	181.7695	190.8746	200.5357
102	167.6058	175.9181	184.7387	194.1015	204.0424
103	170.1422	178.6772	187.7400	197.3660	207.5930
104	172.7019	181.4640	190.7739	200.6686	211.1879
105	175.2850	184.2787	193.8406	204.0097	214.8277
106	177.8917	187.1214	196.9405	207.3898	218.5131
107	180.5224	189.9927	200.0741	210.8094	222.2445
108	183.1772	192.8926	203.2415	214.2688	226.0226
109	185.8563	195.8215	206.4433	217.7686	229.8478
110	188.5600	198.7797	209.6798	221.3093	233.7209
111	191.2885	201.7675	212.9513	224.8912	237.6424
112	194.0420	204.7852	216.2583	228.5149	241.6130
113	196.8207	207.8330	219.6011	232.1809	245.6331
114	199.6249	210.9114	222.9801	235.8897	249.7035
115	202.4548	214.0205	226.3957	239.6418	253.8248
116	205.3106	217.1607	229.8483	243.4376	257.9977
117	208.1926	220.3323	233.3384	247.2777	262.2226
118	211.1010	223.5356	236.8662	251.1626	266.5004
119	214.0361	226.7710	240.4322	255.0928	270.8317
120	216.9981	230.0387	244.0369	259.0689	275.2171

Let's Finance !
正國民理財系列叢書

年利率 月-期數	11%	12%	13%	14%	15%
121	219.9873	233.3391	247.6807	263.0914	279.6573
122	223.0038	236.6725	251.3639	267.1608	284.1530
123	226.0480	240.0392	255.0870	271.2777	288.7049
124	229.1201	243.4396	258.8504	275.4426	293.3137
125	232.2204	246.8740	262.6546	279.6561	297.9801
126	235.3491	250.3427	266.5000	283.9187	302.7049
127	238.5065	253.8461	270.3871	288.2311	307.4887
128	241.6928	257.3846	274.3163	292.5938	312.3323
129	244.9083	260.9585	278.2881	297.0074	317.2365
130	248.1533	264.5680	282.3029	301.4725	322.2019
131	251.4280	268.2137	286.3612	305.9897	327.2294
132	254.7328	271.8959	290.4634	310.5595	332.3198
133	258.0678	275.6148	294.6101	315.1827	337.4738
134	261.4335	279.3710	298.8017	319.8599	342.6922
135	264.8299	283.1647	303.0387	324.5916	347.9759
136	268.2575	286.9963	307.3216	329.3785	353.3256
137	271.7166	290.8663	311.6510	334.2212	358.7421
138	275.2073	294.7749	316.0272	339.1205	364.2264
139	278.7300	298.7227	320.4508	344.0769	369.7793
140	282.2851	302.7099	324.9223	349.0911	375.4015
141	285.8727	306.7370	329.4423	354.1638	381.0940
142	289.4932	310.8044	334.0113	359.2957	386.8577
143	293.1469	314.9124	338.6298	364.4875	392.6934
144	296.8340	319.0616	343.2982	369.7399	398.6021
145	300.5550	323.2522	348.0173	375.0535	404.5846
146	304.3101	327.4847	352.7875	380.4291	410.6419
147	308.0996	331.7595	357.6094	385.8675	416.7749
148	311.9239	336.0771	362.4835	391.3693	422.9846
149	315.7832	340.4379	367.4104	396.9352	429.2719
150	319.6778	344.8423	372.3906	402.5661	435.6378
151	323.6082	349.2907	377.4249	408.2627	442.0833
152	327.5746	353.7836	382.5136	414.0258	448.6093
153	331.5774	358.3215	387.6575	419.8561	455.2170
154	335.6169	362.9047	392.8572	425.7544	461.9072
155	339.6933	367.5337	398.1131	431.7216	468.6810
156	343.8072	372.2091	403.4260	437.7583	475.5395
157	347.9588	376.9311	408.7965	443.8655	482.4838
158	352.1484	381.7005	414.2251	450.0439	489.5148
159	356.3764	386.5175	419.7125	456.2944	496.6337
160	360.6432	391.3826	425.2594	462.6179	503.8417
161	364.9491	396.2965	430.8664	469.0151	511.1397
162	369.2945	401.2594	436.5341	475.4869	518.5289
163	373.6797	406.2720	442.2632	482.0343	526.0105
164	378.1051	411.3347	448.0544	488.6580	533.5857
165	382.5710	416.4481	453.9083	495.3590	541.2555
166	387.0779	421.6126	459.8257	502.1382	549.0212
167	391.6261	426.8287	465.8071	508.9965	556.8840
168	396.2160	432.0970	471.8534	515.9348	564.8450
169	400.8480	437.4180	477.9651	522.9540	572.9056
170	405.5225	442.7921	484.1431	530.0551	581.0669
171	410.2398	448.2201	490.3879	537.2391	589.3302
172	415.0003	453.7023	496.7005	544.5069	597.6969
173	419.8045	459.2393	503.0814	551.8595	606.1681
174	424.6527	464.8317	509.5315	559.2979	614.7452
175	429.5453	470.4800	516.0514	566.8230	623.4295
176	434.4828	476.1848	522.6419	574.4359	632.2224
177	439.4656	481.9466	529.3039	582.1377	641.1251
178	444.4940	487.7661	536.0380	589.9293	650.1392
179	449.5685	493.6438	542.8451	597.8118	659.2659
180	454.6896	499.5802	549.7259	605.7863	668.5068

零存整付（月）複利終值表——年利率11%～15%（第181～240期）

年利率 月-期數	11%	12%	13%	14%	15%
181	459.8576	505.5760	556.6813	613.8538	677.8631
182	465.0729	511.6318	563.7120	622.0154	687.3364
183	470.3361	517.7481	570.8189	630.2723	696.9281
184	475.6475	523.9256	578.0027	638.6254	706.6397
185	481.0076	530.1648	585.2644	647.0761	716.4727
186	486.4168	536.4665	592.6048	655.6253	726.4286
187	491.8757	542.8311	600.0247	664.2742	736.5090
188	497.3845	549.2594	607.5250	673.0241	746.7153
189	502.9439	555.7520	615.1065	681.8761	757.0493
190	508.5542	562.3096	622.7701	690.8313	767.5124
191	514.2160	568.9326	630.5168	699.8910	778.1063
192	519.9296	575.6220	638.3474	709.0564	788.8326
193	525.6956	582.3782	646.2628	718.3287	799.6930
194	531.5145	589.2020	654.2640	727.7092	810.6892
195	537.3867	596.0940	662.3519	737.1991	821.8228
196	543.3128	603.0549	670.5274	746.7998	833.0956
197	549.2931	610.0855	678.7914	756.5125	844.5093
198	555.3283	617.1863	687.1450	766.3384	856.0656
199	561.4188	624.3582	695.5890	776.2790	867.7665
200	567.5652	631.6018	704.1246	786.3356	879.6135
201	573.7678	638.9178	712.7526	796.5096	891.6087
202	580.0274	646.3070	721.4741	806.8022	903.7538
203	586.3443	653.7701	730.2901	817.2149	916.0507
204	592.7191	661.3078	739.2015	827.7490	928.5014
205	599.1524	668.9208	748.2096	838.4061	941.1076
206	605.6446	676.6100	757.3152	849.1875	953.8715
207	612.1963	684.3761	766.5194	860.0947	966.7949
208	618.8081	692.2199	775.8234	871.1291	979.8798
209	625.4806	700.1421	785.2281	882.2923	993.1283
210	632.2141	708.1435	794.7348	893.5857	1,006.5424
211	639.0094	716.2250	804.3444	905.0109	1,020.1242
212	645.8670	724.3872	814.0581	916.5693	1,033.8757
213	652.7875	732.6311	823.8771	928.2627	1,047.7992
214	659.7713	740.9574	833.8024	940.0924	1,061.8967
215	666.8192	749.3670	843.8353	952.0601	1,076.1704
216	673.9318	757.8606	853.9768	964.1675	1,090.6225
217	681.1095	766.4392	864.2282	976.4161	1,105.2553
218	688.3530	775.1036	874.5907	988.8076	1,120.0710
219	695.6629	783.8547	885.0654	1,001.3437	1,135.0719
220	703.0398	792.6932	895.6537	1,014.0261	1,150.2603
221	710.4843	801.6201	906.3566	1,026.8564	1,165.6385
222	717.9971	810.6363	917.1754	1,039.8364	1,181.2090
223	725.5787	819.7427	928.1115	1,052.9678	1,196.9741
224	733.2299	828.9401	939.1660	1,066.2524	1,212.9363
225	740.9511	838.2295	950.3403	1,079.6920	1,229.0980
226	748.7432	847.6118	961.6357	1,093.2884	1,245.4617
227	756.6067	857.0880	973.0534	1,107.0435	1,262.0300
228	764.5422	866.6588	984.5948	1,120.9590	1,278.8054
229	772.5505	876.3254	996.2613	1,135.0368	1,295.7904
230	780.6322	886.0887	1,008.0541	1,149.2789	1,312.9878
231	788.7880	895.9496	1,019.9747	1,163.6872	1,330.4002
232	797.0186	905.9091	1,032.0244	1,178.2635	1,348.0302
233	805.3246	915.9681	1,044.2047	1,193.0099	1,365.8806
234	813.7067	926.1278	1,056.5169	1,207.9284	1,383.9541
235	822.1657	936.3891	1,068.9625	1,223.0209	1,402.2535
236	830.7022	946.7530	1,081.5429	1,238.2895	1,420.7817
237	839.3170	957.2205	1,094.2596	1,253.7362	1,439.5414
238	848.0108	967.7927	1,107.1141	1,269.3631	1,458.5357
239	856.7842	978.4707	1,120.1079	1,285.1723	1,477.7674
240	865.6380	989.2554	1,133.2424	1,301.1660	1,497.2395

165

零存整付（月）複利終值表　　年利率11％～15％（第241～300期）

月-期數 / 年利率	11%	12%	13%	14%	15%
241	874.5731	1.000.1479	1.146.5191	1.317.3463	1.516.9550
242	883.5900	1.011.1494	1.159.9398	1.333.7153	1.536.9169
243	892.6895	1.022.2609	1.173.5058	1.350.2753	1.557.1284
244	901.8725	1.033.4835	1.187.2188	1.367.0285	1.577.5925
245	911.1397	1.044.8183	1.201.0803	1.383.9772	1.598.3124
246	920.4918	1.056.2665	1.215.0920	1.401.1236	1.619.2913
247	929.9297	1.067.8292	1.229.2555	1.418.4700	1.640.5324
248	939.4540	1.079.5075	1.243.5724	1.436.0189	1.662.0391
249	949.0657	1.091.3026	1.258.0445	1.453.7724	1.683.8146
250	958.7654	1.103.2156	1.272.6733	1.471.7331	1.705.8623
251	968.5541	1.115.2477	1.287.4606	1.489.9033	1.728.1855
252	978.4325	1.127.4002	1.302.4081	1.508.2855	1.750.7879
253	988.4015	1.139.6742	1.317.5175	1.526.8822	1.773.6727
254	998.4618	1.152.0710	1.332.7906	1.545.6958	1.796.8436
255	1.008.6144	1.164.5917	1.348.2292	1.564.7289	1.820.3042
256	1.018.8600	1.177.2376	1.363.8350	1.583.9841	1.844.0580
257	1.029.1996	1.190.0100	1.379.6099	1.603.4639	1.868.1087
258	1.039.6339	1.202.9101	1.395.5556	1.623.1710	1.892.4600
259	1.050.1639	1.215.9392	1.411.6741	1.643.1080	1.917.1158
260	1.060.7904	1.229.0985	1.427.9673	1.663.2776	1.942.0797
261	1.071.5143	1.242.3895	1.444.4369	1.683.6825	1.967.3557
262	1.082.3365	1.255.8134	1.461.0850	1.704.3254	1.992.9477
263	1.093.2580	1.269.3716	1.477.9134	1.725.2092	2.018.8595
264	1.104.2795	1.283.0653	1.494.9241	1.746.3367	2.045.0953
265	1.115.4020	1.296.8959	1.512.1192	1.767.7106	2.071.6590
266	1.126.6266	1.310.8649	1.529.5004	1.789.3339	2.098.5547
267	1.137.9540	1.324.9735	1.547.0700	1.811.2095	2.125.7866
268	1.149.3852	1.339.2233	1.564.8300	1.833.3402	2.153.3590
269	1.160.9213	1.353.6155	1.582.7823	1.855.7292	2.181.2760
270	1.172.5630	1.368.1517	1.600.9291	1.878.3794	2.209.5419
271	1.184.3115	1.382.8332	1.619.2725	1.901.2938	2.238.1612
272	1.196.1677	1.397.6615	1.637.8146	1.924.4756	2.267.1382
273	1.208.1326	1.412.6381	1.656.5576	1.947.9278	2.296.4774
274	1.220.2071	1.427.7645	1.675.5036	1.971.6536	2.326.1834
275	1.232.3924	1.443.0422	1.694.6549	1.995.6562	2.356.2607
276	1.244.6893	1.458.4726	1.714.0137	2.019.9389	2.386.7139
277	1.257.0989	1.474.0573	1.733.5822	2.044.5049	2.417.5479
278	1.269.6224	1.489.7979	1.753.3626	2.069.3574	2.448.7672
279	1.282.2606	1.505.6959	1.773.3574	2.094.4999	2.480.3768
280	1.295.0146	1.521.7528	1.793.5688	2.119.9357	2.512.3815
281	1.307.8856	1.537.9703	1.813.9991	2.145.6683	2.544.7863
282	1.320.8745	1.554.3500	1.834.6508	2.171.7011	2.577.5961
283	1.333.9825	1.570.8935	1.855.5262	2.198.0376	2.610.8161
284	1.347.2107	1.587.6025	1.876.6277	2.224.6814	2.644.4513
285	1.360.5602	1.604.4785	1.897.9578	2.251.6360	2.678.5069
286	1.374.0320	1.621.5233	1.919.5190	2.278.9051	2.712.9882
287	1.387.6272	1.638.7385	1.941.3138	2.306.4923	2.747.9006
288	1.401.3472	1.656.1259	1.963.3447	2.334.4014	2.783.2493
289	1.415.1928	1.673.6872	1.985.6143	2.362.6361	2.819.0400
290	1.429.1654	1.691.4240	2.008.1251	2.391.2002	2.855.2780
291	1.443.2661	1.709.3383	2.030.8798	2.420.0975	2.891.9689
292	1.457.4961	1.727.4317	2.053.8810	2.449.3320	2.929.1185
293	1.471.8565	1.745.7060	2.077.1314	2.478.9075	2.966.7325
294	1.486.3485	1.764.1630	2.100.6336	2.508.8281	3.004.8167
295	1.500.9733	1.782.8047	2.124.3905	2.539.0978	3.043.3769
296	1.515.7323	1.801.6327	2.148.4047	2.569.7206	3.082.4191
297	1.530.6265	1.820.6490	2.172.6791	2.600.7007	3.121.9493
298	1.545.6572	1.839.8555	2.197.2165	2.632.0422	3.161.9737
299	1.560.8257	1.859.2541	2.222.0196	2.663.7493	3.202.4984
300	1.576.1333	1.878.8466	2.247.0915	2.695.8264	3.243.5296

零存整付（月）複利終值表——年利率11%～15%（第301～360期）

月-期數	11%	12%	13%	14%	15%
301	1.591.5812	1.898.6351	2.272.4350	2.728.2777	3.285.0737
302	1.607.1707	1.918.6214	2.298.0531	2.761.1076	3.327.1372
303	1.622.9031	1.938.8077	2.323.9486	2.794.3205	3.369.7264
304	1.638.7797	1.959.1957	2.350.1247	2.827.9210	3.412.8480
305	1.654.8018	1.979.7877	2.376.5844	2.861.9134	3.456.5086
306	1.670.9709	2.000.5856	2.403.3308	2.896.3024	3.500.7149
307	1.687.2881	2.021.5914	2.430.3668	2.931.0925	3.545.4738
308	1.703.7549	2.042.8073	2.457.6958	2.966.2886	3.590.7923
309	1.720.3727	2.064.2354	2.485.3209	3.001.8953	3.636.6772
310	1.737.1427	2.085.8778	2.513.2452	3.037.9174	3.683.1356
311	1.754.0665	2.107.7365	2.541.4720	3.074.3598	3.730.1748
312	1.771.1455	2.129.8139	2.570.0046	3.111.2273	3.777.8020
313	1.788.3810	2.152.1120	2.598.8463	3.148.5250	3.826.0245
314	1.805.7745	2.174.6332	2.628.0005	3.186.2578	3.874.8498
315	1.823.3274	2.197.3795	2.657.4705	3.224.4308	3.924.2855
316	1.841.0412	2.220.3533	2.687.2598	3.263.0491	3.974.3390
317	1.858.9175	2.243.5568	2.717.3717	3.302.1181	4.025.0183
318	1.876.9575	2.266.9924	2.747.8099	3.341.6428	4.076.3310
319	1.895.1630	2.290.6623	2.778.5779	3.381.6286	4.128.2851
320	1.913.5353	2.314.5689	2.809.6791	3.422.0809	4.180.8887
321	1.932.0760	2.338.7146	2.841.1173	3.463.0052	4.234.1498
322	1.950.7867	2.363.1018	2.872.8961	3.504.4069	4.288.0767
323	1.969.6690	2.387.7328	2.905.0191	3.546.2917	4.342.6776
324	1.988.7243	2.412.6101	2.937.4902	3.588.6651	4.397.9611
325	2.007.9542	2.437.7362	2.970.3130	3.631.5328	4.453.9356
326	2.027.3605	2.463.1136	3.003.4914	3.674.9007	4.510.6098
327	2.046.9446	2.488.7447	3.037.0292	3.718.7746	4.567.9925
328	2.066.7083	2.514.6322	3.070.9303	3.763.1603	4.626.0924
329	2.086.6531	2.540.7785	3.105.1988	3.808.0638	4.684.9185
330	2.106.7807	2.567.1863	3.139.8384	3.853.4912	4.744.4800
331	2.127.0929	2.593.8581	3.174.8533	3.899.4486	4.804.7860
332	2.147.5913	2.620.7967	3.210.2476	3.945.9422	4.865.8458
333	2.168.2775	2.648.0047	3.246.0253	3.992.9782	4.927.6689
334	2.189.1534	2.675.4847	3.282.1905	4.040.5629	4.990.2648
335	2.210.2206	2.703.2396	3.318.7476	4.088.7028	5.053.6431
336	2.231.4810	2.731.2720	3.355.7007	4.137.4044	5.117.8136
337	2.252.9362	2.759.5847	3.393.0541	4.186.6741	5.182.7863
338	2.274.5881	2.788.1805	3.430.8122	4.236.5186	5.248.5711
339	2.296.4385	2.817.0624	3.468.9793	4.286.9447	5.315.1782
340	2.318.4892	2.846.2330	3.507.5599	4.337.9590	5.382.6180
341	2.340.7420	2.875.6953	3.546.5585	4.389.5685	5.450.9007
342	2.363.1988	2.905.4523	3.585.9796	4.441.7802	5.520.0369
343	2.385.8615	2.935.5068	3.625.8277	4.494.6009	5.590.0374
344	2.408.7319	2.965.8618	3.666.1075	4.548.0379	5.660.9129
345	2.431.8119	2.996.5205	3.706.8236	4.602.0984	5.732.6743
346	2.455.1035	3.027.4857	3.747.9809	4.656.7895	5.805.3327
347	2.478.6087	3.058.7605	3.789.5840	4.712.1187	5.878.8994
348	2.502.3292	3.090.3481	3.831.6378	4.768.0935	5.953.3856
349	2.526.2673	3.122.2516	3.874.1473	4.824.7212	6.028.8029
350	2.550.4247	3.154.4741	3.917.1172	4.882.0096	6.105.1630
351	2.574.8036	3.187.0189	3.960.5526	4.939.9664	6.182.4775
352	2.599.4060	3.219.8891	4.004.4586	4.998.5994	6.260.7585
353	2.624.2339	3.253.0880	4.048.8402	5.057.9164	6.340.0180
354	2.649.2893	3.286.6188	4.093.7027	5.117.9254	6.420.2682
355	2.674.5745	3.320.4850	4.139.0511	5.178.6345	6.501.5215
356	2.700.0914	3.354.6899	4.184.8908	5.240.0519	6.583.7906
357	2.725.8423	3.389.2368	4.231.2272	5.302.1858	6.667.0879
358	2.751.8291	3.424.1291	4.278.0655	5.365.0447	6.751.4265
359	2.778.0542	3.459.3704	4.325.4112	5.428.6369	6.836.8194
360	2.804.5197	3.494.9641	4.373.2698	5.492.9710	6.923.2796

Let's Finance !
㊩國民理財系列叢書

年利率 年-期數	1%	2%	3%	4%	5%
1	1.0000	1.0000	1.0000	1.0000	1.0000
2	2.0100	2.0200	2.0300	2.0400	2.0500
3	3.0301	3.0604	3.0909	3.1216	3.1525
4	4.0604	4.1216	4.1836	4.2465	4.3101
5	5.1010	5.2040	5.3091	5.4163	5.5256
6	6.1520	6.3081	6.4684	6.6330	6.8019
7	7.2135	7.4343	7.6625	7.8983	8.1420
8	8.2857	8.5830	8.8923	9.2142	9.5491
9	9.3685	9.7546	10.1591	10.5828	11.0266
10	10.4622	10.9497	11.4639	12.0061	12.5779
11	11.5668	12.1687	12.8078	13.4864	14.2068
12	12.6825	13.4121	14.1920	15.0258	15.9171
13	13.8093	14.6803	15.6178	16.6268	17.7130
14	14.9474	15.9739	17.0863	18.2919	19.5986
15	16.0969	17.2934	18.5989	20.0236	21.5786
16	17.2579	18.6393	20.1569	21.8245	23.6575
17	18.4304	20.0121	21.7616	23.6975	25.8404
18	19.6147	21.4123	23.4144	25.6454	28.1324
19	20.8109	22.8406	25.1169	27.6712	30.5390
20	22.0190	24.2974	26.8704	29.7781	33.0660
21	23.2392	25.7833	28.6765	31.9692	35.7193
22	24.4716	27.2990	30.5368	34.2480	38.5052
23	25.7163	28.8450	32.4529	36.6179	41.4305
24	26.9735	30.4219	34.4265	39.0826	44.5020
25	28.2432	32.0303	36.4593	41.6459	47.7271
26	29.5256	33.6709	38.5530	44.3117	51.1135
27	30.8209	35.3443	40.7096	47.0842	54.6691
28	32.1291	37.0512	42.9309	49.9676	58.4026
29	33.4504	38.7922	45.2189	52.9663	62.3227
30	34.7849	40.5681	47.5754	56.0849	66.4388
31	36.1327	42.3794	50.0027	59.3283	70.7608
32	37.4941	44.2270	52.5028	62.7015	75.2988
33	38.8690	46.1116	55.0778	66.2095	80.0638
34	40.2577	48.0338	57.7302	69.8579	85.0670
35	41.6603	49.9945	60.4621	73.6522	90.3203
36	43.0769	51.9944	63.2759	77.5983	95.8363
37	44.5076	54.0343	66.1742	81.7022	101.6281
38	45.9527	56.1149	69.1595	85.9703	107.7095
39	47.4123	58.2372	72.2342	90.4092	114.0950
40	48.8864	60.4020	75.4013	95.0255	120.7998
41	50.3752	62.6100	78.6633	99.8265	127.8398
42	51.8790	64.8622	82.0232	104.8196	135.2318
43	53.3978	67.1595	85.4839	110.0124	142.9933
44	54.9318	69.5027	89.0484	115.4129	151.1430
45	56.4811	71.8927	92.7199	121.0294	159.7002
46	58.0459	74.3306	96.5015	126.8706	168.6852
47	59.6263	76.8172	100.3965	132.9454	178.1194
48	61.2226	79.3535	104.4084	139.2632	188.0254
49	62.8348	81.9406	108.5406	145.8337	198.4267
50	64.4632	84.5794	112.7969	152.6671	209.3480
51	66.1078	87.2710	117.1808	159.7738	220.8154
52	67.7689	90.0164	121.6962	167.1647	232.8562
53	69.4466	92.8167	126.3471	174.8513	245.4990
54	71.1410	95.6731	131.1375	182.8454	258.7739
55	72.8525	98.5865	136.0716	191.1592	272.7126
56	74.5810	101.5583	141.1538	199.8055	287.3483
57	76.3268	104.5894	146.3884	208.7978	302.7157
58	78.0901	107.6812	151.7800	218.1497	318.8514
59	79.8710	110.8348	157.3334	227.8757	335.7940
60	81.6697	114.0515	163.0534	237.9907	353.5837

年金複利終值表	年利率06%～10%			
年利率 年-期數	6%	7%	8%	9%	10%
1	1.0000	1.0000	1.0000	1.0000	1.0000
2	2.0600	2.0700	2.0800	2.0900	2.1000
3	3.1836	3.2149	3.2464	3.2781	3.3100
4	4.3746	4.4399	4.5061	4.5731	4.6410
5	5.6371	5.7507	5.8666	5.9847	6.1051
6	6.9753	7.1533	7.3359	7.5233	7.7156
7	8.3938	8.6540	8.9228	9.2004	9.4872
8	9.8975	10.2598	10.6366	11.0285	11.4359
9	11.4913	11.9780	12.4876	13.0210	13.5795
10	13.1808	13.8164	14.4866	15.1929	15.9374
11	14.9716	15.7836	16.6455	17.5603	18.5312
12	16.8699	17.8885	18.9771	20.1407	21.3843
13	18.8821	20.1406	21.4953	22.9534	24.5227
14	21.0151	22.5505	24.2149	26.0192	27.9750
15	23.2760	25.1290	27.1521	29.3609	31.7725
16	25.6725	27.8881	30.3243	33.0034	35.9497
17	28.2129	30.8402	33.7502	36.9737	40.5447
18	30.9057	33.9990	37.4502	41.3013	45.5992
19	33.7600	37.3790	41.4463	46.0185	51.1591
20	36.7856	40.9955	45.7620	51.1601	57.2750
21	39.9927	44.8652	50.4229	56.7645	64.0025
22	43.3923	49.0057	55.4568	62.8733	71.4028
23	46.9958	53.4361	60.8933	69.5319	79.5430
24	50.8156	58.1767	66.7648	76.7898	88.4973
25	54.8645	63.2490	73.1059	84.7009	98.3471
26	59.1564	68.6765	79.9544	93.3240	109.1818
27	63.7058	74.4838	87.3508	102.7231	121.0999
28	68.5281	80.6977	95.3388	112.9682	134.2099
29	73.6398	87.3465	103.9659	124.1354	148.6309
30	79.0582	94.4608	113.2832	136.3075	164.4940
31	84.8017	102.0730	123.3459	149.5752	181.9434
32	90.8898	110.2182	134.2135	164.0370	201.1378
33	97.3432	118.9334	145.9506	179.8003	222.2515
34	104.1838	128.2588	158.6267	196.9823	245.4767
35	111.4348	138.2369	172.3168	215.7108	271.0244
36	119.1209	148.9135	187.1021	236.1247	299.1268
37	127.2681	160.3374	203.0703	258.3759	330.0395
38	135.9042	172.5610	220.3159	282.6298	364.0434
39	145.0585	185.6403	238.9412	309.0665	401.4478
40	154.7620	199.6351	259.0565	337.8824	442.5926
41	165.0477	214.6096	280.7810	369.2919	487.8518
42	175.9505	230.6322	304.2435	403.5281	537.6370
43	187.5076	247.7765	329.5830	440.8457	592.4007
44	199.7580	266.1209	356.9496	481.5218	652.6408
45	212.7435	285.7493	386.5056	525.8587	718.9048
46	226.5081	306.7518	418.4261	574.1860	791.7953
47	241.0986	329.2244	452.9002	626.8628	871.9749
48	256.5645	353.2701	490.1322	684.2804	960.1723
49	272.9584	378.9990	530.3427	746.8656	1,057.1896
50	290.3359	406.5289	573.7702	815.0836	1,163.9085
51	308.7561	435.9860	620.6718	889.4411	1,281.2994
52	328.2814	467.5050	671.3255	970.4908	1,410.4293
53	348.9783	501.2303	726.0316	1,058.8349	1,552.4723
54	370.9170	537.3164	785.1141	1,155.1301	1,708.7195
55	394.1720	575.9286	848.9232	1,260.0918	1,880.5914
56	418.8223	617.2436	917.8371	1,374.5001	2,069.6506
57	444.9517	661.4506	992.2640	1,499.2051	2,277.6156
58	472.6488	708.7522	1,072.6451	1,635.1335	2,506.3772
59	502.0077	759.3648	1,159.4568	1,783.2955	2,758.0149
60	533.1282	813.5204	1,253.2133	1,944.7921	3,034.8164

Let's Finance !

㊉國民理財系列叢書

年金複利終值表──年利率11%～15%

年利率 年-期數	11%	12%	13%	14%	15%
1	1.0000	1.0000	1.0000	1.0000	1.0000
2	2.1100	2.1200	2.1300	2.1400	2.1500
3	3.3421	3.3744	3.4069	3.4396	3.4725
4	4.7097	4.7793	4.8498	4.9211	4.9934
5	6.2278	6.3528	6.4803	6.6101	6.7424
6	7.9129	8.1152	8.3227	8.5355	8.7537
7	9.7833	10.0890	10.4047	10.7305	11.0668
8	11.8594	12.2997	12.7573	13.2328	13.7268
9	14.1640	14.7757	15.4157	16.0853	16.7858
10	16.7220	17.5487	18.4198	19.3373	20.3037
11	19.5614	20.6546	21.8143	23.0445	24.3493
12	22.7132	24.1331	25.6502	27.2707	29.0017
13	26.2116	28.0291	29.9847	32.0887	34.3519
14	30.0949	32.3926	34.8827	37.5811	40.5047
15	34.4054	37.2797	40.4175	43.8424	47.5804
16	39.1899	42.7533	46.6717	50.9804	55.7175
17	44.5008	48.8837	53.7391	59.1176	65.0751
18	50.3959	55.7497	61.7251	68.3941	75.8364
19	56.9395	63.4397	70.7494	78.9692	88.2118
20	64.2028	72.0524	80.9468	91.0249	102.4436
21	72.2651	81.6987	92.4699	104.7684	118.8101
22	81.2143	92.5026	105.4910	120.4360	137.6316
23	91.1479	104.6029	120.2048	138.2970	159.2764
24	102.1742	118.1552	136.8315	158.6586	184.1678
25	114.4133	133.3339	155.6196	181.8708	212.7930
26	127.9988	150.3339	176.8501	208.3327	245.7120
27	143.0786	169.3740	200.8406	238.4993	283.5688
28	159.8173	190.6989	227.9499	272.8892	327.1041
29	178.3972	214.5828	258.5834	312.0937	377.1697
30	199.0209	241.3327	293.1992	356.7868	434.7451
31	221.9132	271.2926	332.3151	407.7370	500.9569
32	247.3236	304.8477	376.5161	465.8202	577.1005
33	275.5292	342.4294	426.4632	532.0350	664.6655
34	306.8374	384.5210	482.9034	607.5199	765.3654
35	341.5896	431.6635	546.6808	693.5727	881.1702
36	380.1644	484.4631	618.7493	791.6729	1.014.3457
37	422.9825	543.5987	700.1867	903.5071	1.167.4975
38	470.5106	609.8305	792.2110	1.030.9981	1.343.6222
39	523.2667	684.0102	896.1984	1.176.3378	1.546.1655
40	581.8261	767.0914	1.013.7042	1.342.0251	1.779.0903
41	646.8269	860.1424	1.146.4858	1.530.9086	2.046.9539
42	718.9779	964.3595	1.296.5289	1.746.2358	2.354.9969
43	799.0655	1.081.0826	1.466.0777	1.991.7088	2.709.2465
44	887.9627	1.211.8125	1.657.6678	2.271.5481	3.116.6334
45	986.6386	1.358.2300	1.874.1646	2.590.5648	3.585.1285
46	1.096.1688	1.522.2176	2.118.8060	2.954.2439	4.123.8977
47	1.217.7474	1.705.8838	2.395.2508	3.368.8380	4.743.4824
48	1.352.6996	1.911.5898	2.707.6334	3.841.4753	5.456.0047
49	1.502.4965	2.141.9806	3.060.6258	4.380.2819	6.275.4055
50	1.668.7712	2.400.0182	3.459.5071	4.994.5213	7.217.7163
51	1.853.3360	2.689.0204	3.910.2430	5.694.7543	8.301.3737
52	2.058.2029	3.012.7029	4.419.5746	6.493.0199	9.547.5798
53	2.285.6053	3.375.2272	4.995.1193	7.403.0427	10.980.7167
54	2.538.0218	3.781.2545	5.645.4849	8.440.4687	12.628.8243
55	2.818.2042	4.236.0050	6.380.3979	9.623.1343	14.524.1479
56	3.129.2067	4.745.3257	7.210.8496	10.971.3731	16.703.7701
57	3.474.4194	5.315.7647	8.149.2601	12.508.3654	19.210.3356
58	3.857.6056	5.954.6565	9.209.6639	14.260.5365	22.092.8859
59	4.282.9422	6.670.2153	10.407.9202	16.258.0117	25.407.8188
60	4.755.0658	7.471.6411	11.761.9498	18.535.1333	29.219.9916

年金複利終値表　年利率16％～20％

年利率 年-期數	16%	17%	18%	19%	20%
1	1.0000	1.0000	1.0000	1.0000	1.0000
2	2.1600	2.1700	2.1800	2.1900	2.2000
3	3.5056	3.5389	3.5724	3.6061	3.6400
4	5.0665	5.1405	5.2154	5.2913	5.3680
5	6.8771	7.0144	7.1542	7.2966	7.4416
6	8.9775	9.2068	9.4420	9.6830	9.9299
7	11.4139	11.7720	12.1415	12.5227	12.9159
8	14.2401	14.7733	15.3270	15.9020	16.4991
9	17.5185	18.2847	19.0859	19.9234	20.7989
10	21.3215	22.3931	23.5213	24.7089	25.9587
11	25.7329	27.1999	28.7551	30.4035	32.1504
12	30.8502	32.8239	34.9311	37.1802	39.5805
13	36.7862	39.4040	42.2187	45.2445	48.4966
14	43.6720	47.1027	50.8180	54.8409	59.1959
15	51.6595	56.1101	60.9653	66.2607	72.0351
16	60.9250	66.6488	72.9390	79.8502	87.4421
17	71.6730	78.9792	87.0680	96.0218	105.9306
18	84.1407	93.4056	103.7403	115.2659	128.1167
19	98.6032	110.2846	123.4135	138.1664	154.7400
20	115.3797	130.0329	146.6280	165.4180	186.6880
21	134.8405	153.1385	174.0210	197.8474	225.0256
22	157.4150	180.1721	206.3448	236.4385	271.0307
23	183.6014	211.8013	244.4868	282.3618	326.2369
24	213.9776	248.8076	289.4945	337.0105	392.4842
25	249.2140	292.1049	342.6035	402.0425	471.9811
26	290.0883	342.7627	405.2721	479.4306	567.3773
27	337.5024	402.0323	479.2211	571.5224	681.8528
28	392.5028	471.3778	566.4809	681.1116	819.2233
29	456.3032	552.5121	669.4475	811.5228	984.0680
30	530.3117	647.4391	790.9480	966.7122	1.181.8816
31	616.1616	758.5038	934.3186	1.151.3875	1.419.2579
32	715.7475	888.4494	1.103.4960	1.371.1511	1.704.1095
33	831.2671	1.040.4858	1.303.1253	1.632.6698	2.045.9314
34	965.2698	1.218.3684	1.538.6878	1.943.8771	2.456.1176
35	1.120.7130	1.426.4910	1.816.6516	2.314.2137	2.948.3411
36	1.301.0270	1.669.9945	2.144.6489	2.754.9143	3.539.0094
37	1.510.1914	1.954.8936	2.531.6857	3.279.3481	4.247.8113
38	1.752.8220	2.288.2255	2.988.3891	3.903.4242	5.098.3735
39	2.034.2735	2.678.2238	3.527.2992	4.646.0748	6.119.0482
40	2.360.7572	3.134.5218	4.163.2130	5.529.8290	7.343.8578
41	2.739.4784	3.668.3906	4.913.5914	6.581.4965	8.813.6294
42	3.178.7949	4.293.0169	5.799.0378	7.832.9808	10.577.3553
43	3.688.4021	5.023.8298	6.843.8646	9.322.2472	12.693.8263
44	4.279.5465	5.878.8809	8.076.7603	11.094.4741	15.233.5916
45	4.965.2739	6.879.2907	9.531.5771	13.203.4242	18.281.3099
46	5.760.7177	8.049.7701	11.248.2610	15.713.0748	21.938.5719
47	6.683.4326	9.419.2310	13.273.9480	18.699.5590	26.327.2863
48	7.753.7818	11.021.5002	15.664.2586	22.253.4753	31.593.7436
49	8.995.3869	12.896.1553	18.484.8251	26.482.6356	37.913.4923
50	10.435.6488	15.089.5017	21.813.0937	31.515.3363	45.497.1908
51	12.106.3526	17.655.7170	25.740.4505	37.504.2502	54.597.6289
52	14.044.3690	20.658.1888	30.374.7316	44.631.0578	65.518.1547
53	16.292.4680	24.171.0809	35.843.1833	53.111.9588	78.622.7856
54	18.900.2629	28.281.1647	42.295.9563	63.204.2309	94.348.3427
55	21.925.3050	33.089.9627	49.910.2284	75.214.0348	113.219.0113
56	25.434.3538	38.716.2564	58.895.0696	89.505.7014	135.863.8135
57	29.504.8504	45.299.0199	69.497.1361	106.512.7847	163.037.5763
58	34.226.6264	53.000.8533	82.007.6749	126.751.2137	195.646.0915
59	39.703.8867	62.011.9984	96.770.0563	150.834.9444	234.776.3098
60	46.057.5085	72.555.0381	114.189.6665	179.494.5838	281.732.5718

複利終值表——年利率01%～05%

年利率 / 年-期數	1%	2%	3%	4%	5%
1	1.0100	1.0200	1.0300	1.0400	1.0500
2	1.0201	1.0404	1.0609	1.0816	1.1025
3	1.0303	1.0612	1.0927	1.1249	1.1576
4	1.0406	1.0824	1.1255	1.1699	1.2155
5	1.0510	1.1041	1.1593	1.2167	1.2763
6	1.0615	1.1262	1.1941	1.2653	1.3401
7	1.0721	1.1487	1.2299	1.3159	1.4071
8	1.0829	1.1717	1.2668	1.3686	1.4775
9	1.0937	1.1951	1.3048	1.4233	1.5513
10	1.1046	1.2190	1.3439	1.4802	1.6289
11	1.1157	1.2434	1.3842	1.5395	1.7103
12	1.1268	1.2682	1.4258	1.6010	1.7959
13	1.1381	1.2936	1.4685	1.6651	1.8857
14	1.1495	1.3195	1.5126	1.7317	1.9799
15	1.1610	1.3459	1.5580	1.8009	2.0789
16	1.1726	1.3728	1.6047	1.8730	2.1829
17	1.1843	1.4002	1.6528	1.9479	2.2920
18	1.1961	1.4282	1.7024	2.0258	2.4066
19	1.2081	1.4568	1.7535	2.1069	2.5270
20	1.2202	1.4859	1.8061	2.1911	2.6533
21	1.2324	1.5157	1.8603	2.2788	2.7860
22	1.2447	1.5460	1.9161	2.3699	2.9253
23	1.2572	1.5769	1.9736	2.4647	3.0715
24	1.2697	1.6084	2.0328	2.5633	3.2251
25	1.2824	1.6406	2.0938	2.6658	3.3864
26	1.2953	1.6734	2.1566	2.7725	3.5557
27	1.3082	1.7069	2.2213	2.8834	3.7335
28	1.3213	1.7410	2.2879	2.9987	3.9201
29	1.3345	1.7758	2.3566	3.1187	4.1161
30	1.3478	1.8114	2.4273	3.2434	4.3219
31	1.3613	1.8476	2.5001	3.3731	4.5380
32	1.3749	1.8845	2.5751	3.5081	4.7649
33	1.3887	1.9222	2.6523	3.6484	5.0032
34	1.4026	1.9607	2.7319	3.7943	5.2533
35	1.4166	1.9999	2.8139	3.9461	5.5160
36	1.4308	2.0399	2.8983	4.1039	5.7918
37	1.4451	2.0807	2.9852	4.2681	6.0814
38	1.4595	2.1223	3.0748	4.4388	6.3855
39	1.4741	2.1647	3.1670	4.6164	6.7048
40	1.4889	2.2080	3.2620	4.8010	7.0400
41	1.5038	2.2522	3.3599	4.9931	7.3920
42	1.5188	2.2972	3.4607	5.1928	7.7616
43	1.5340	2.3432	3.5645	5.4005	8.1497
44	1.5493	2.3901	3.6715	5.6165	8.5572
45	1.5648	2.4379	3.7816	5.8412	8.9850
46	1.5805	2.4866	3.8950	6.0748	9.4343
47	1.5963	2.5363	4.0119	6.3178	9.9060
48	1.6122	2.5871	4.1323	6.5705	10.4013
49	1.6283	2.6388	4.2562	6.8334	10.9213
50	1.6446	2.6916	4.3839	7.1067	11.4674
51	1.6611	2.7454	4.5154	7.3910	12.0408
52	1.6777	2.8003	4.6509	7.6866	12.6428
53	1.6945	2.8563	4.7904	7.9941	13.2749
54	1.7114	2.9135	4.9341	8.3138	13.9387
55	1.7285	2.9717	5.0821	8.6464	14.6356
56	1.7458	3.0312	5.2346	8.9922	15.3674
57	1.7633	3.0918	5.3917	9.3519	16.1358
58	1.7809	3.1536	5.5534	9.7260	16.9426
59	1.7987	3.2167	5.7200	10.1150	17.7897
60	1.8167	3.2810	5.8916	10.5196	18.6792

複利終值表———年利率06%～10%				
年利率 年-期數	6%	7%	8%	9%	10%
1	1.0600	1.0700	1.0800	1.0900	1.1000
2	1.1236	1.1449	1.1664	1.1881	1.2100
3	1.1910	1.2250	1.2597	1.2950	1.3310
4	1.2625	1.3108	1.3605	1.4116	1.4641
5	1.3382	1.4026	1.4693	1.5386	1.6105
6	1.4185	1.5007	1.5869	1.6771	1.7716
7	1.5036	1.6058	1.7138	1.8280	1.9487
8	1.5938	1.7182	1.8509	1.9926	2.1436
9	1.6895	1.8385	1.9990	2.1719	2.3579
10	1.7908	1.9672	2.1589	2.3674	2.5937
11	1.8983	2.1049	2.3316	2.5804	2.8531
12	2.0122	2.2522	2.5182	2.8127	3.1384
13	2.1329	2.4098	2.7196	3.0658	3.4523
14	2.2609	2.5785	2.9372	3.3417	3.7975
15	2.3966	2.7590	3.1722	3.6425	4.1772
16	2.5404	2.9522	3.4259	3.9703	4.5950
17	2.6928	3.1588	3.7000	4.3276	5.0545
18	2.8543	3.3799	3.9960	4.7171	5.5599
19	3.0256	3.6165	4.3157	5.1417	6.1159
20	3.2071	3.8697	4.6610	5.6044	6.7275
21	3.3996	4.1406	5.0338	6.1088	7.4003
22	3.6035	4.4304	5.4365	6.6586	8.1403
23	3.8198	4.7405	5.8715	7.2579	8.9543
24	4.0489	5.0724	6.3412	7.9111	9.8497
25	4.2919	5.4274	6.8485	8.6231	10.8347
26	4.5494	5.8074	7.3964	9.3992	11.9182
27	4.8223	6.2139	7.9881	10.2451	13.1100
28	5.1117	6.6488	8.6271	11.1671	14.4210
29	5.4184	7.1143	9.3173	12.1722	15.8631
30	5.7435	7.6123	10.0627	13.2677	17.4494
31	6.0881	8.1451	10.8677	14.4618	19.1943
32	6.4534	8.7153	11.7371	15.7633	21.1138
33	6.8406	9.3253	12.6761	17.1820	23.2252
34	7.2510	9.9781	13.6901	18.7284	25.5477
35	7.6861	10.6766	14.7853	20.4140	28.1024
36	8.1473	11.4239	15.9682	22.2512	30.9127
37	8.6361	12.2236	17.2456	24.2538	34.0039
38	9.1543	13.0793	18.6253	26.4367	37.4043
39	9.7035	13.9948	20.1153	28.8160	41.1448
40	10.2857	14.9745	21.7245	31.4094	45.2593
41	10.9029	16.0227	23.4625	34.2363	49.7852
42	11.5570	17.1443	25.3395	37.3175	54.7637
43	12.2505	18.3444	27.3666	40.6761	60.2401
44	12.9855	19.6285	29.5560	44.3370	66.2641
45	13.7646	21.0025	31.9205	48.3273	72.8905
46	14.5905	22.4726	34.4741	52.6767	80.1795
47	15.4659	24.0457	37.2320	57.4176	88.1975
48	16.3939	25.7289	40.2106	62.5852	97.0172
49	17.3775	27.5299	43.4274	68.2179	106.7190
50	18.4202	29.4570	46.9016	74.3575	117.3909
51	19.5254	31.5190	50.6537	81.0497	129.1299
52	20.6969	33.7253	54.7060	88.3442	142.0429
53	21.9387	36.0861	59.0825	96.2951	156.2472
54	23.2550	38.6122	63.8091	104.9617	171.8719
55	24.6503	41.3150	68.9139	114.4083	189.0591
56	26.1293	44.2071	74.4270	124.7050	207.9651
57	27.6971	47.3015	80.3811	135.9285	228.7616
58	29.3589	50.6127	86.8116	148.1620	251.6377
59	31.1205	54.1555	93.7565	161.4966	276.8015
60	32.9877	57.9464	101.2571	176.0313	304.4816

國民理財
Let's finance